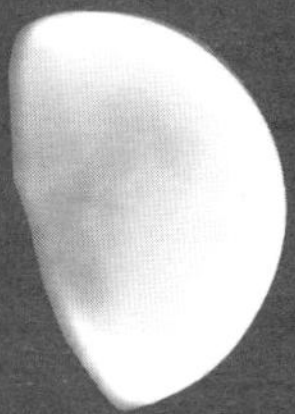

戦国史の俗説を覆す

渡邊大門［編］

柏書房

はじめに

近年の戦国史研究の発展には、めざましいものがある。その理由としては、研究者や研究誌の数の増加、史料集の充実が後押ししているのは間違いないだろう。研究の進展に伴い、先人が築いてきた定説が覆されることも珍しくない。

定説が覆されるといっても、基本的な史実や史料の人名比定、年次比定が誤っていたという細かなものから、比較的よく知られてきた定説が誤っていたというものまで様々である。本書で取り上げたのは、後者のほうである。

定説の形成のされ方も、多くのパターンがある。良質な同時代の史料（一次史料）に基づき構築された説であっても、新たな史料の発掘、史料の解釈の問題などにより、塗り替えられることが少なくない。豊臣秀吉の「惣無事令《そうぶじれい》」は、その一つではないだろうか。

一方、問題となるのが、二次史料に基づく定説である。二次史料は後世に編纂された軍記物語、家譜などの類であり、少なからず誤りが認められる。しかも、内容が人々の関心を誘うユニークなものが多いため、十分に検証されないまま信じられてきた。定説というよりも、俗説というべきものである。そうした定説（＝俗説）は、一般書などでは何の疑問もなく脈々と書き継がれ、ますます広まることになる。

最近、問題であると思っているのは、当人が過去を振り返って書いた、書状や覚書の類である。例えば豊臣秀吉は、書状中に過去の合戦を取り上げ、自身に逆らった者がいかに悲惨な最期を遂げたかを強調して書いている。ところが、実際に史実と照らし合わせてみると、必ずしもすべて一致しないことが指摘されている。

同様に、覚書は当事者のまとまった記述であり、しかも当人が書いたものなので信憑性が高いと言われるが、必ずしもそうとは言えない。弁解じみたものや、何らかの意図によって書かれたものもあり、注意が必要なのは同じである。

このように、定説といっても様々であるが、本書では広く知られている戦国時代の定説のうち、十五のテーマを選んで検討した。それぞれのテーマは、読者の関心を誘うと思われるものに絞り込み、第一線で活躍する研究者にできるだけわかりやすく執筆いただいた。

実のところ、取り上げたテーマはこれまでの定説（＝俗説）が誤りであると指摘できるものもあるが、中には結論に至らず、さらに検討を要するテーマもある。いずれにしても、定説（＝俗説）へ疑義を提示し、覆す（あるいは核心に迫る）という歴史学のスリリングさを体験できるはずだ。

各テーマは独立した内容になっているので、興味あるテーマから読んでいただいても、最初から順番に読んでいただいても結構である。ご一読いただき、従来説との違いを認識いただければ幸いである。

戦国史の俗説を覆す　目次

第1章　本当の鉄砲伝来はいつだったのか

長屋隆幸

『鉄砲記』における鉄砲伝来

天文十二年（一五四三）、大隅国（現、鹿児島県）の南に浮かぶ種子島《たねがしま》に、どこの国から来たかわからない大船が来航する。乗員たちは見たこともない姿をしており、言葉も通じなかったが、その中に明国の儒生五峰《ごほう》なる人物がおり、彼とは筆談が可能だった。そこで、西村の主宰《しゅさい》だった織部丞《おりべのじょう》が、筆談で乗員たちについて問うてみたところ、「西南蛮種の賈胡《ここ》」の者とのことだった。

異国船来航の報告を受けた種子島の領主種子島時堯《ときたか》は、小舟を数十隻出して、大船を安全な場所に移動させた。その際、時堯は賈胡人の長二名、牟良叔舎《ムラシャクシャ》と吉利志多陀孟太《キリシタ・ダ・モッタ》と交流をもった。彼らは鉄砲（火縄銃）を携えていた。それを見た時堯は、どのような物であるか賈胡人の長へ聞いてみたところ、火薬を使って鉛の玉を撃ち出すもので、心を落ち着かせて目を眇《すがめ》にして狙って撃てば、たちどころに当たらないものはない、と言った。

なお、これを「鉄砲」と名づけたのは、明人なのか、種子島住人なのかは不明である。時堯は、これを「希世の珍」であると思い、賈胡人の長に撃ち方を習いたいと申し出たところ、彼らは快諾した。そこで、撃ち方を教わり、試しに射撃をしてみたところ、素晴らしい威力だったので、時堯は本格的に学ぶことに決め、代価が高くて支払いは厳しかったが、文句も言わずに火縄銃を二挺買い入れ、稽古に励んだ。また、火薬の作り方を篠川小四郎《ささがわこしろう》に学ばせた。

その頃、紀州根来寺《ねごろじ》（現、和歌山県岩出市）に杉坊某公という人がいた。杉坊は、遠路はるばる使者を種子島へ遣わして鉄砲を求めた。時堯は、杉坊の心意気に感じ入り、津田監物丞《つだけんもつのじょう》を遣わして鉄砲一挺を贈り、火薬調合法を教えた。

また時堯は、職人に鉄砲の複製を作ることを命じた。職人たちは、ほぼ複製の作成に成功するも、筒の底を塞ぐ方法（尾栓《びせん》の作り方）がどうしてもわからなかった。そのような中、翌天文十三年（一五四四）に賈胡人が再び種子島へ来航した。彼らの中に、幸い鉄匠（鍛冶）がいたので、時堯は金兵衛《きんべえ》尉清定《のじょうきよさだ》に命じ、筒の塞ぎ方を鉄匠から習わせた。その結果、ねじを切って筒底を塞ぐ方法を教えてもらった。その後、一年余りで数十挺の鉄砲が作られた。さらに、台座や飾などの製作が行われたが、これは鉄砲を戦争で使うつもりだった時堯の意にはそぐわないものだった。

その後、和泉堺《さかい》（現、大阪府堺市）の橘屋又三郎《たちばなやまたさぶろう》という商人が種子島へやって来て、一、二年ほど滞在し、鉄砲の技術を学びとった。又三郎が種子島を離れて帰国すると、人々は彼の本名を呼ぶことはなく、「鉄砲又」と呼んだ。彼は帰郷後、畿内・関西に鉄砲の技術を伝えた。

また、天文十一年（一五四二）と十二年に、種子島から明へ派遣された貢船の一つに乗り込んでいた種子島家の家臣松下五郎三郎《まつしたごろうざぶろう》が、明からの帰りに船が嵐に遭遇して、漂着した先の伊豆国の人々へ鉄砲の技術を教えた。これが契機となり、関東にも鉄砲が広まった。

通説的鉄砲伝来像と、それに対する疑問

ここまで述べてきたことは、慶長十一年（一六〇六）に、時堯の子久時《ひさとき》が、父時堯の功績を称える目的で、禅僧の南浦文之《なんぽぶんし》に著させた『鉄砲記』の概要である。ここで賈胡人とあるのはポルトガル人のこと、明の儒生五峰とは倭寇《わこう》の頭目だった中国人の王直《おうちょく》のことである（伊川：二〇〇八）。この『鉄砲記』の記事をもって、通説では天文十二年（一五四三）にポルトガル船に乗ったポルトガル人が種子島に来航したことを契機に、鉄砲が我が国に伝来したとされてきた。また、さらに、そこから鉄砲が全国に広まった。このように考えられてきた。しかし、このような通説の鉄砲伝来像に対して、主に次に示す三点において疑問が示されている。

①天文十二年（一五四三）以前に、原始的な銃が伝来していたか否か。
②種子島にポルトガル人が来航し鉄砲を伝えたのは、本当に天文十二年なのか。
③鉄砲伝来後、種子島から鉄砲が全国へ広まったのか。

現在、これらの点をめぐって論争が行われている。本章では、どのような論争が行われているのかを紹介しつつ、現時点において鉄砲伝来像がどのように描かれているのかについて示す。

天文十二年以前に原始的な鉄砲が伝来した可能性

鉄砲の製造地として近世を通じて有名だった近江国友村《くにとも》（現、滋賀県長浜市）における鉄砲作りの由緒を記した『国友鉄砲記』では、文亀元年（一五〇一）と永正七年（一五一〇）に、日本に南蛮国（スペイン・ポルトガル）から鉄砲が伝わっていたが、その「妙法」を知る者は少なかったとある（伊川二〇〇八）。しかし、ポルトガルのマラッカ攻略が一五一一年、スペインのフィリピン「発見」が一五二一年であることを考えれば、『国友鉄砲記』のこの記述は信用に値しない。ただし、天文期以前に中国などで使われていた原始的な鉄砲が伝わっていた可能性は指摘されている。

そもそも火薬は、中国で遅くとも唐代《とう》（七〜十世紀初頭）には発明された。宋代《そう》後期から元代《げん》（十三〜十四世紀）には、竹や金属製の筒に火薬を詰め、小さく開けた穴から火種を差し込み、火薬を爆発させて弾丸を発射する差火式《さしびしき》の原始的な銃、突火槍《とっかそう》や火銃などの手銃《しゅじゅう》が発明される。また、現在の火炎放射器にあたる火槍《かそう》や、手榴弾にあたる震天雷《しんてんらい》などの火器も作られ、使用されていた。ちなみに、震天雷とは蒙古襲来において元軍が日本軍に対して使った「てつはう」のことである。

その後、火薬と手銃はヨーロッパへ伝わり、銃床《じゅうしょう》を持ち、引き金を引くと火縄が火皿に落ち、そこに盛った口火薬に点火し、それを導火線として筒内に詰めた火薬を爆発させて弾丸を発射させる火縄銃へと発展する。一方、中国でも手銃の改良が進む。例えば、従来の手銃類の銃身を長くし、射程・威力を上昇させた神鎗《しんそう》、連発できるように工夫した十眼銃《じゅうがんじゅう》などが作られた。ただし、点火方法は相変わらず差火式だった（篠田：一九九二）。これらの中国で使用された手銃や火器は、朝鮮や琉球へ伝わり、使用された。沖縄の中城《なかぐすく》城跡では、十五世紀頃に使用された「火矢」と呼ばれる手銃に使用するサンゴ石から削り出した石弾《せきだん》や、金属弾が出土している。

　そして、天文十二年（一五四三）以前に手銃や火器が、日本で使用されていたと記す史料が幾つか存在することから、日本へも手銃が伝えられていたと主張する研究者もいる。

　例えば、京都相国寺《しょうこくじ》鹿苑院《ろくおんいん》の塔頭《たっちゅう》蔭凉軒《いんりょうけん》の軒主の日記『蔭凉軒日録《いんりょうけんにちろく》』の文正元年（一四六六）七月二十八日条に、幕府へ入貢するため京都を訪れていた琉球の官人が、総門の外あたりで「鉄放一両声」を放ち、周りにいた人々を驚かせたとある。東福寺《とうふくじ》の僧侶だった雲泉太極《うんぜんたいきょく》が記した日記『碧《へき》山日録《ざんにちろく》』の応仁二年（一四六八）十一月六日条には、応仁の乱の際に、東軍が火槍など戦争に使う道具・装備を備えていたと記されている。

　また、朝鮮の歴史書『朝鮮王朝実録』には、一四一八年に朝鮮の官吏李芸《りげい》が駐剳官《ちゅうさつかん》として対馬《つしま》へ赴任した際に、「火砲」で迎えられたとする。また、李芸が対馬で賊倭（倭寇《わこう》のことか）が持っていた中国製の手銃を手に入れたともある。さらに同書では、一五〇九年に倭船（日本船、これも倭寇か）が銃筒や長箭《ちょうせん》を持っていたとも書かれている。

　このほかにも、相模の戦国大名北条《ほうじょう》氏の遺臣だった三浦浄心《みうらじょうしん》が慶長十九年（一六一四）に著した『慶長見聞集《けいちょうけんもんしゅう》』から、後世の人が北条氏関連の記事を抜き出して編集し直した『北条五代記《ほうじょうごだいき》』の「関八州に鉄炮はじまる事」に、中国から日本へ永正七年（一五一〇）に初めて伝わった鉄砲を、享禄元年（一五二八）に小田原在住の玉滝坊《ぎょくりゅうぼう》という山伏《やまぶし》が和泉堺で不思議で珍しいと思って買い求め、北条氏綱《うじつな》へ献上したとの逸話が載せられている。

また、江戸時代前期に旗本大久保忠教《おおくぼただたか》が記した『三河物語《みかわものがたり》』には、永正五年（一五〇八）に今川氏の名代として北条早雲《そううん》が三河へ侵攻して岩津《いわづ》城（現、愛知県岡崎市）を攻めた際に、北条方が「四坊《（方）》鉄炮放チカケ」たとある。ただし、『北条五代記』と『三河物語』は、共に江戸時代に入ってから作成された史料なので、これらの記述の信憑性については低いとされている（洞：一九九一）。

手銃伝来説への批判

これらの史料、特に『蔭涼軒日録』『碧山日録』『朝鮮王朝実録』を根拠として、天文十二年（一五四三）以前に中国由来の手銃が日本で使用されていたとの説が唱えられている。もっとも、この説に対する批判も少なくない。まず、『蔭涼軒日録』に出てくる「鉄放」については、当時中国・朝鮮において礼砲を放つ習俗が確認されないこと、その代わりに火薬を使った爆竹が中国・朝鮮で広く使われていることから、爆竹のことを指しているのではないかとの説がある。

さらに『碧山日録』の火槍についても、確実な物的証拠がないことから、火槍という単語は中国史書の引用に過ぎないとする。『朝鮮王朝実録』の対馬に手銃があったという記事も、実録自体が二次史料であり、手放しに信頼できるものでない。李芸が対馬に赴任した時期は、朝鮮で手銃が中国の援助でようやく作られるようになった段階であり、対馬がそれに先行していたとは考えられない。さらに、日本に入ってきて使用されていたならば、遺物があるはずだが、残っている手銃は秀吉の朝鮮出兵の際の戦利品しか見つかっていないなど、様々な批判がなされている（所：一九七六、宇多川：二〇〇七）。

それでは、天文十二年（一五四三）以前に、手銃は中国から日本にもたらされたのだろうか。もたらされた可能性は高いと言える。先述のように、琉球で手銃「火矢」が使用されていたことが近年の発掘結果から確かであり、琉球使節が少数の手銃を日本へもたらした可能性は否めない。また、『朝鮮王朝実録』の記事も、対馬が倭寇の活動拠点の一つだったことや、この時代に活動した後期倭寇と呼ばれる人々の大部分が中国人・朝鮮人だったことを踏まえて、中国人倭寇が対馬へもたらしたと考えるならば矛盾はないだろう。

しかし、あくまでも手銃は、少数が畿内や対馬などごく一部の地域に入ったに過ぎず、定着しなかったと考えられる。おそらく、日本では火薬の原料である硝石《しょうせき》が産出しないため、火薬が安定して供給されないと武器としての運用が難しいことや、連射ができず、命中率も高くないなど欠点が多かったことから、手銃は定着しなかったのだろう。このように考えれば、史料に記述が少なく、遺物が残されていないことも納得がいくのではなかろうか。ちなみに、商品として伝わることを伝播、製造技術まで伝わり、その土地に根づくことを伝来という。その観点から言うならば、手銃は伝播にとどまり、伝来はしなかったと言える。

種子島にポルトガル人が来航し、鉄砲を伝えたのは天文十二年なのか

先述したように『鉄砲記』では、天文十二年（一五四三）にポルトガル人が種子島へ来航し、鉄砲を伝えたとする。そして、一般にはこの種子島へのポルトガル人来航が、日本とヨーロッパとの初めての邂逅《かいこう》とされている。ところが、ヨーロッパ側に残された史料には、ポルトガル人の初来航を天文十二年以外の年とするものがある。

例えば、一五六三年にヨーロッパで刊行された『諸国新旧発見記』には以下のような記述がある。すなわち、一五四二年（和暦天文十一年）、ポルトガル人のフレイタスという人物がカピタンを務めていた船からポルトガル人三人、アントーニオ＝ダ＝モッタ、フランシスコ＝ゼイモト、アントーニオ＝ペイショットが脱走し、シャムから中国に向けてジャンク船で船出したが、途中で嵐に遭い漂流した。その際、東の方三十二度の位置に一島が見えた。彼らは、この島を古書に宝の島と見える「ジャポンエス」だと思った。

また、スペイン商人ガルシア＝デ＝エスカランテ＝アルバラドが、一五四八年にメキシコ副王へ送った報告書の中で、フレイタスから得た二人のポルトガル人が、年未詳ではあるが「レキオス」という土地へ渡ったという情報を載せている。それによると、フレイタス一行は、シャムでレキオ人と仲良くなった。その後、一緒にいたポルトガル人二人が中国で商売をしようと一艘のジャンク船に乗って出帆した。しかし、暴風雨に遭遇し、「レキオス」にある一島に漂着した。彼らはシャムで交際し

たことのあるレキオ人の取り成しで、島々の国王から手厚いもてなしを受けた。その後、彼らは食料の補給を受けて立ち去った。この話を聞いた別のポルトガル人も、中国のジャンク船に乗って同じ島へ赴いたが、上陸は許されず、海上で交易を行った。

さて、『諸国新旧発見記』とエスカランテの報告書の話は、共通する点が多い。また、『諸国新旧発見記』に記されたポルトガル人と、『鉄砲記』が記すポルトガル人の長二人の名前に類似性がある。すなわち、牟良叔舎がフランシスコ、（吉利志多）陀孟太がダ・モッタを指していると考えられる。これらのことから、『諸国新旧発見記』およびエスカランテ報告と『鉄砲記』に記されたポルトガル人の来航は、同一の事件を指していると考える研究者が多い。しかし、『諸国新旧発見記』では天文十一年（一五四二）とあり、翌天文十二年とする『鉄砲記』の記述と矛盾することとなる。それゆえ、この点をどのように理解するかが、長らく問題とされてきた。

この点に対して村井章介氏は、これらの史料に出てくるポルトガル人は、『鉄砲記』にある種子島に来航してきたポルトガル人と同一人物であると見なし、「レキオス」とは種子島であるとする。さらに、『鉄砲記』の内容を一年すべて前倒しして読めば、ヨーロッパ側の史料と『鉄砲記』との間に矛盾がなくなるとの指摘をしている。そして、天文十一年（一五四二）にポルトガル人を乗せた王直のジャンク船が種子島にやって来て、鉄砲を伝えたとする（村井：二〇一三）。

天文十一年伝来説への批判

もっとも、『諸国新旧発見記』およびエスカランテ報告のポルトガル人来航と、『鉄砲記』にあるポルトガル人来航を別物と考えるべきとの研究もある。例えば所荘吉氏は、『諸国新旧発見記』の「東の方三十二度」、すなわち北緯三十二度という記述に注目する。この位置に存在するのは、種子島ではなく、薩摩国阿久根《あくね》（現、鹿児島県阿久根市）にあたる。阿久根は、当時南九州の交通・流通における重要な拠点の一つで、唐船が往来した地域である。

そこで所氏は、天文十一（一五四二）年の来港は、阿久根だったとする。なお、昭和三十二年（一九五七）に、阿久根市の海岸でポルトガル製の大砲（阿久根砲）が発見されているが、所氏はこの大砲をポルトガル人三人が乗船し難破した船に搭載されていたものではないかとも推測している。そして、『鉄砲記』の記述から天文十二年（一五四三）にポルトガル人が訪れたのが種子島であり、その際に鉄砲を伝えたとの見方を示している（所：一九八六、二〇〇六）。

中島楽章氏は、『諸国新旧発見記』では暴風雨に遭って北緯三十二度の土地に漂着したと書くのみで、鉄砲に関しての記述が全くないのに対し、『鉄砲記』では北緯三十度二十分にあたる種子島へ、漂着ではなく来航し、鉄砲を伝えたとする違いから、『鉄砲記』と『諸国新旧発見記』の記述は同一の事件ではないとする。また、エスカランテ報告にある「レキオス」とは、通常は琉球を指す言葉なので、同書に出てくるポルトガル人二人は琉球王国に漂着したと考えられる。なお、エスカランテ報告のほうが、『諸国新旧発見記』よりも成立年代が早く、また報告書という性格上、正確さが求められるので、より信頼性が高いと見なし、『諸国新旧発見記』の記事は、琉球漂着を日本（種子島）漂着と誤伝して書き残したとする。したがって、やはり『鉄砲記』の記述通り、鉄砲伝来は天文十二年だとする立場をとっている（中島：二〇〇五、二〇〇九）。

もっとも、中島説に対しては、当時のポルトガル人は、「レキオス」という大地域に日本という島が含まれるという認識を持っていたから、種子島のことを「レキオス」と書いても不自然ではないとの批判がなされている（村井：二〇一三）。

このほかに的場節子氏は、従来信憑性が低いと考えられてきたポルトガルの冒険商フェルナン・メンデス・ピントの自叙伝的冒険旅行記『東洋遍歴記』を再評価した。その上で、同書の、ピントと共に種子島へ来航したディオゴ・ゼイモトが鉄砲を教えたとする記述に着目する。ピント自身は来航した年代を書いていないが、天文十三年のこととされる。的場氏は、同書の記述が『鉄砲記』など日本側の史料と矛盾しないとする。また、ゼイモトが鉄砲で鳥を狩った様子から、鉄砲の形がのちに日本へ広がる頬付け式の火縄銃と同形状のものだったと推測する。それらから、ポルトガル人が種子島に初来航したのは天文十二年であるが、のちの日本製の鉄砲に繋がる頬付型の火縄銃が伝わったのは天文十三年（一五四四）の可能性もあるとの説を発表している（的場：二〇〇七）。

以上のように、鉄砲伝来の年は天文十一年から十三年のいずれの年であるという論争がなされている状況である。ただし、先述したように、製造技術まで伝わることを伝来とするならば、尾栓の作成方法が伝わった天文十二年ないし天文十三年とするべきだろう。

鉄砲伝来後、種子島から鉄砲が全国へ広まったのか

ポルトガル人が種子島へ鉄砲を伝えた後、『鉄砲記』によれば鉄砲をほしがった紀州の杉坊某公や、堺の商人であった鉄砲又、伊豆に漂着した種子島家家臣松下五郎三郎により、広まったとする。しかし、紀州の根来・雑賀や堺が、後年鉄砲の製造で有名であったことを考えるならば、話が出来過ぎなきらいがある。

たとえば『鉄砲記』では、紀州の杉坊某公のもとへ種子島時堯の命令で津田監物丞が遣わされたとある。しかし、紀州側の史料『鉄砲由緒記』や『紀伊国名所図会』にある津田家の由緒などによると、もともと津田監物は杉坊という弟を持つ紀州の人で、種子島で鉄砲を外国人「皿伊旦崙《ペイタロ》」に習って紀州へ帰り、鉄砲作りの技術を堺出身で紀州根来に滞在していた柴辻清右衛門《しばつじせいえもん》へ伝えたとあり、『鉄砲記』の記述と合致しない（伊川：二〇〇八）。

そのため、種子島から全国へ鉄砲が広まったとする『鉄砲記』の記述は、種子島時堯を顕彰する目的で入れられたもので、その記述を無批判に信用すべきではないともされる（所：二〇〇六）。さらに付け加えるならば、『鉄砲記』には時堯が鉄砲を有用な武器として量産させたとある。時堯がそのように考えていたならば、その製造技術を味方以外には秘匿しようとしたはずであり、『鉄砲記』にあ

るように積極的に広く知らしめたとは考えにくい。

それでは鉄砲は、実際にはどのように広まったのだろうか。この点について宇多川武久氏が興味深い視点を提示している。宇多川氏は、朝鮮の史料に、一五四七年段階で、倭寇が日本人に火器を売却しており、明・朝鮮にとって非常に不都合なことであると記されていることや、現在日本に現存する鉄砲が、多種多様な名称・様式・大きさ・口径・カラクリを持つことなどに着目する。

そのことから、実際は、天文期に倭寇たちを含む外国勢力が分散波状的に東アジアで製作された幾つかの形状の鉄砲を西日本の各地に伝え、その後、全国へと伝わったものであり、種子島への伝来は数多くあった伝来の一つに過ぎないとの説を唱えている。実際、種子島にポルトガル人を乗せて来航した船が、倭寇王直の船だったことや、その後も中国のジャンク船に乗って日本へ来航したポルトガル人やスペイン人が少なくなかったことから、一定の説得力を持っている（宇多川：二〇〇七、中島：二〇〇五）。

ただし、一五四七年段階で朝鮮が言っている「火器」とは、西洋式の鉄砲ではなく、手銃を指すと考えられること、かつ現在日本に残っている多種多様な鉄砲の中の一部には、種子島以外の土地に海外から伝えられた鉄砲の影響を受けた物もあるかも知れないが、のちに砲術家が創意工夫した結果、変異した鉄砲も少なくないと思われるとの批判がある。

さらに、鉄砲の代名詞の一つに種子島が使われていること、第十三代将軍足利義輝《あしかがよしてる》の意を受けた近《この》衛稙家《えたねいえ》が、島津氏を介して種子島時堯に、南蛮人から直接相伝された火薬の調合を幕府へ教えるよう伝えてきていることから、当時、種子島は有力な鉄砲ブランドとして認識されていたと考えられる。これらのことから、倭寇が鉄砲を西日本各地に伝えたこともあるだろうが、ポルトガル人から鉄砲を伝えられた種子島の影響力も決して小さなものではなかったとの説もある（佐々木：二〇〇三、村井：二〇一三）。

現状における鉄砲伝来像のおおよその姿

鉄砲伝来については、先に述べたように様々な説があり、現在も激しい論争が繰り広げられている状況である。そのため現段階では、諸説を踏まえた上で、次のような鉄砲伝来像の、おおよその姿を描くことしかできない。

すなわち、通説で鉄砲が伝来したとされてきた天文十二年（一五四三）以前に、畿内や対馬など一部の地域に明・朝鮮・琉球で使用されていた手銃が入ってきた可能性がある。しかし、定着はしなかった。その後、天文十一年（一五四二）ないし十二年に、倭寇王直のジャンク船に乗ったポルトガル人が種子島に初来航した。ポルトガル人やスペイン人は、その翌年の天文十二年ないし十三年にも種子島へ来航する。

この三年間のいずれかにおいて、時堯は鉄砲を買い入れ、その翌年に尾栓の作り方を配下の鍛冶に命じて南蛮人から習得させた。その後、種子島では鉄砲の量産に成功し、種子島は鉄砲のブランドとなる。もっとも、倭寇を通じて西日本各地にも同じ頃に鉄砲が伝わり、それをもとに種子島産の鉄砲とは違う形状の鉄砲を製造する地域も出てくるようになる。

現状で示せる姿は、このようなものだろう。研究が進めば、より正確な像が描かれるようになる。今後の研究の進展に期待したい。

主要参考文献

伊川健二「鉄砲伝来の史料と論点　上・下」（『鉄砲史研究』三六一・三六二号、二〇〇八・九年）
宇多川武久編『鉄砲伝来の日本史——火縄銃からライフル銃まで』（吉川弘文館、二〇〇七年）
佐々木稔編『火縄銃の伝来と技術』（吉川弘文館、二〇〇三年）
篠田耕一『武器と防具　中国編』（新紀元社、一九九二年）
所　荘吉「天文以前における鉄砲渡来の実否について」（『鉄砲史研究』八三号、一九七六年）
所　荘吉「鉄砲伝来をめぐって」（井塚政義・飯田賢一監修、種子島開発総合センター編『鉄砲伝来前後——種子島をめぐる技術と文化』有斐閣、一九八六年）
所　荘吉「再考　葡人の初来日と鉄砲伝来草稿」（『鉄砲史研究』三五五号、二〇〇六年）
中島楽章「ポルトガル人の日本初来航と東アジア海域交易」（『史淵』一四二号、二〇〇五年）
中島楽章「ポルトガル人日本初来航再論」（『史淵』一四六号、二〇〇九年）
洞　富雄『鉄砲——伝来とその影響』（思文閣出版、一九九一年）
的場節子『ジパングと日本——日欧の遭遇』（吉川弘文館、二〇〇七年）
村井章介『日本中世境界史論』（岩波書店、二〇一三年）

第2章 川中島の戦いは何回行われたのか

千葉篤志

川中島の戦いとは

川中島の戦いとは、戦国時代に信濃国更級《さらしな》郡川中島（現在の長野市を中心とした広域地名）の領有をめぐって、甲斐の武田《たけだ》晴信《はるのぶ》（のちに信玄《しんげん》。以降は信玄で統一）と越後の上杉輝虎《うえすぎてるとら》（のちに謙信《けんしん》。時期によって名前が変わるが、以降は謙信で統一）の間で起きた合戦である。この合戦は、日本史上で有名な合戦の一つであるが、長期間にわたって、断続的に同じ場所で五回にわたって合戦を行い、戦国大名同士の一騎打ちがあったことは、戦国時代の合戦の中でも稀有な事例に入る。まずは、五回の合戦の概略を以下に述べておきたい。

第一回——天文二十二年の合戦

天文二十二年（一五五三）四月九日、信玄は信濃葛尾《かつらお》城（現、長野県坂城町。以下、特に断らない限り、市町村名は長野県内の自治体）を攻略、城主の村上義清《むらかみよしきよ》は謙信を頼って越後へ逃亡した。この勢いに乗じて川中島へ進出したが、四月二十二日に先発隊が八幡《やわた》（現、千曲市）で五千人ばかりの敵軍と遭遇した。この五千人は、村上氏をはじめとする北信地方の諸領主連合であり、この中に謙信がいたかどうかは不明である。

この戦闘で武田軍の先鋒隊が撃破され、四月二十三日には葛尾城を奪回され、城番の於曾源八郎《おぞげんぱちろう》らが戦死した。信玄は決戦を避けて深志《ふかし》城（松本城。現、松本市）へ撤退、五月には甲府へ帰還した。この間に、村上義清は坂木《さかき》（現、坂城町）と小県《ちいさがた》郡を奪回して、塩田《しおだ》城（現、上田市）に入城した。

甲府へ帰った信玄は態勢を立て直し、七月二十五日に甲府を出発、二十八日に内山《うちやま》城（現、佐久市）、三十日に望月《もちづき》（同）、八月一日に長窪《ながくぼ》（現、長和町）に陣を構えて、和田《わだ》城（同）を攻略、四日に高鳥《たかと》屋《や》城と内村《うちむら》城（現、上田市）を攻略、五日に塩田城（同）を攻略して、義清は再び越後へ逃亡した。

義清から救援要請を受けた謙信は、八月に川中島へ進軍して、布施《ふせ》（現、長野市）で武田軍と戦い、九月一日に八幡（現、千曲市）で武田軍を撃破して、自落した荒砥《あらと》城（同）を占領した。三日には筑摩《ちくま》郡に侵入して青柳《あおやぎ》（現、筑北村）を放火、四日に虚空蔵山《こくぞうさん》城（現、松本市）を攻略した。これに対して、信玄は麻績《おみ》城（現、麻績村）と荒砥城に夜襲をかけた。

九月十七日、葛尾城下の坂木南条（現、千曲市）に放火した謙信は、二十日に撤退した。これを聞いた信玄も、十月七日に塩田城を出発して、十七日に甲府へ帰った。

第二回――弘治元年の合戦

天文二十二年（一五五三）から天文二十三年（一五五四）の間に、武田氏・今川《いまがわ》氏・北条《ほうじょう》氏は婚姻によって互いに姻戚関係となり、いわゆる甲相駿三国同盟が成立した。一方、謙信は天文二十二年秋に上洛して、後奈良《ごなら》天皇から天盃と無銘豊後瓜実御剣《うりざねぎょけん》を授与され、越後および隣国の敵を平定することを命じられた。

天文二十三年、信玄は、謙信の家臣北条高広《きたじょうたかひろ》を調略して反乱を起こさせたが、謙信によって速やかに反乱は収束した。ところが、今度は善光寺別当《ぜんこうじべっとう》の栗田永寿《くりたえいじゅ》が、信玄の調略によって謙信から離反して、善光寺（現、長野市）が信玄の勢力下に入った。そのため、謙信は天文二十四年（一五五五。七月から弘治元年）四月に信濃へ出陣、七月に善光寺の東側にある横山城《よこやま》（現、長野市）に陣取った。これに対して、栗田永寿は旭山城《あさひやま》（同）に籠城して、信玄はこれを支援するために川中島へ出陣した。

信玄は、謙信の陣から約六キロ離れた、犀川《さいがわ》を隔てた大塚《おおつか》（現、長野市）に陣取り、旭山城に援軍三千と鉄砲三百挺を送り、また、駿河の今川氏から援軍も派遣された。しかし、両軍の戦線は膠着状態となり、七月十九日に謙信が犀川を渡って武田軍と戦ったものの、大きな戦果は得られず、対陣は二百日に及んだ。両軍は、長期の対陣で士気が下がるのを憂えて、閏十月十五日に今川義元を仲介として講和を結んだ。

講和条件は、①武田方は旭山城を破却すること、②北信濃の井上《いのうえ》・須田《すだ》・島津《しまづ》氏を本拠地へ帰国させること、③両者が互いの勢力圏を侵すことのないように誓紙《せいし》を交換して軍勢を撤退させることだったが、義清の本領復帰が条件にないことは、この地が武田領となったことを暗に示唆している。

第三回――弘治三年の合戦

弘治元年（一五五五）の和睦以後、信玄は善光寺周辺の領主たちの調略を行い、その中でも善光寺の裏の地を支配する葛山城主の落合《おちあい》一族の切り崩しを図った。弘治三年（一五五七）二月十五日、信玄は葛山城を攻略し、城主の落合備中守一族は悉く戦死した。葛山城の攻略によって、北信濃の中心部を手に入れた信玄は、長沼《ながぬま》城（同）の島津忠直《ただなお》を越後へ逃亡させ、飯山《いいやま》城（現、飯山市）の高梨政頼《たかなしまさより》を攻撃する態勢を示した。

謙信は、高梨氏救援に向かおうとしたが、豪雪のために身動きが取れず、ようやく四月十八日に信濃へ出陣。途中の山田要害《やまだようがい》（現、高山村）や福島《ふくしま》（現、須坂市）を奪回して、二十一日に善光寺へ到着、直ちに葛山城を攻撃して、二十五日には弘治元年に破却した旭山城を修築して防備を固め、島津忠直を鳥屋城（現、長野市）へ入れて小川《おがわ》・鬼無里《きなさ》方面（現、小川村・長野市）の備えとした。

五月十二日、謙信は香坂《こうさか》（現、飯綱町）を放火、翌日には坂木・岩鼻《いわばな》（現、上田市）まで攻めたが、信玄が軍勢を遠巻きにして、謙信との決戦を避けたため、軍勢を転じて野沢温泉《のざわおんせん》（現、野沢温泉村）に侵攻して、武田氏に内通した計見《けみ》城（日向《ひなた》城。現、木島平村）の市川藤若《いちかわふじわか》を攻撃したが、途中で攻略を諦めて飯山城へ撤退した。

信玄は、六月十三日に市川氏救援のため、塩田城に在城中の真田《さなだ》幸綱《ゆきつな》へ足軽五百余人を指揮させて派遣しようとしたが、謙信が飯山へ撤退したので、救援はされなかった。その後、秘かに深志城へ入った信玄は、姫川《ひめかわ》を北上して、七月五日には謙信に味方する小谷《おたり》城（現、小谷村）の飯森春盛《いいもりもりはる》を攻撃して、城を陥落させた。この動きを知った謙信は、軍勢を差し向け、八月二十九日に上野原《うえのはら》（現、長野市）で両軍の戦闘が行われたが、決着はつかず、九月に謙信は越後へ帰還して、信玄も十月に甲府へ帰還した。

第四回——永禄四年の合戦

弘治四年（一五五八。二月から永禄元年）正月十六日、信玄は室町幕府十三代将軍足利義輝《よしてる》から信濃守護職に任命され、嫡男の義信《よしのぶ》には三管領《さんかんれい》に准じる待遇が与えられた。これにより、信玄は信濃を支配する正当性を獲得した。

永禄二年（一五五九）四月、謙信は五千の軍勢で上洛して、足利義輝・関白近衛前久《このえさきひさ》・正親町《おおぎまち》天皇と会い、義輝から足利一門・三管領と同等の特権を与えられ、さらに、北条氏によって居城である上《こう》野《ずけ》平井《ひらい》城（現、群馬県藤岡市）を追われ、上野から越後へ逃亡していた関東管領上杉憲政《のりまさ》の進退について任された。十月に帰還すると、信濃や関東の諸領主から祝儀として太刀などを贈られた。

永禄三年（一五六〇）八月、謙信は、憲政や常陸の佐竹義昭《さたけよしあき》の要請で越後を出発、北条氏に攻略されていた上野や武蔵の諸城を制圧して、翌四年（一五六一）三月には相模に侵入して、北条氏の本拠地である小田原《おだわら》城を包囲したが、北条氏を破るには至らず、閏三月十六日に鎌倉の鶴岡八幡宮で憲政から正式に関東管領職と山内《やまのうち》上杉氏の家督を譲渡され、諱《いみな》を政虎《まさとら》と改めた。同年末には、足利義輝の偏諱《へんき》を与えられて輝虎と改名した。

　このような謙信の関東における攻勢に対して、信玄は同盟を結んでいる北条氏康《うじやす》を支援するために、四月に西上野へ出陣。五月には北信濃へ出陣して割ヶ岳《わりがたけ》城（現、信濃町）を攻略して、越後国境に迫る勢いだった。このため、謙信は六月に越後へ帰国、八月十四日に一万三千人の軍勢で春日山《かすがやま》城（現、新潟県上越市）を出発して、川中島へ向かった。八月十五日に善光寺に到着、十六日に犀川を渡って川中島へ入り、さらに千曲川も渡って妻女山《さいじょさん》に陣取った。

　信玄は、たび重なる謙信との抗争によって川中島を押えるために海津《かいづ》城（現、長野市。のちの松代《まつしろ》城）を築城していたが、謙信の侵攻を知るや、二十四日に川中島へ進軍して、二十九日に海津城へ入った。九月九日に軍議を開き、武田軍を二隊に分けて、一隊は秘かに迂回して妻女山を十日の早朝に強襲、信玄のいる本隊が八幡原《はちまんばら》に布陣して、山を下りた上杉軍を待ち伏せして攻撃、妻女山の一隊も背後から上杉軍を襲うという作戦を立てた。

　一方、これに気づいた謙信は、九日の夜に山を下りて、雨宮《あめみや》の渡しで千曲川を渡り、十日早朝に濃霧の中、八幡原の信玄のいる本隊へ突撃した。上杉軍の勢いは凄まじく、信玄の弟信繁《のぶしげ》が戦死したのをはじめ、信玄の旗本衆まで攻め込まれた。謙信は、単騎で信玄の本陣に突撃して、馬上から信玄を太刀で三回斬りつけたが、信玄が軍配でこれを防ぎ、そのあとに妻女山の一隊も駆けつけたため、形勢は逆転して、上杉軍は善光寺まで撤退した。この時の両軍の死傷者は、武田軍は四千余人、上杉軍は三千余人であったという。

第五回——永禄七年の合戦

永禄四年（一五六一）の合戦以降も、謙信は関東へ頻繁に出兵したが、信玄も氏康を支援するために、西上野へ出兵、特に永禄五年（一五六二）末の武蔵松山《まつやま》城（現、埼玉県東松山市）攻撃では、武田・北条の共同出兵が行われ、翌年二月に攻略している。両者の抗争は、舞台を関東に移していた。

謙信が関東に出兵しているのを好機と捉えた信玄は、永禄七年（一五六四）に信濃の西の飛驒へ侵攻、また、越中の一向一揆や陸奥黒川《くろかわ》（現、福島県会津若松市）の城主蘆名盛氏《あしなもりうじ》に越後へ侵攻するように要請して、謙信の背後を衝くことを画策した。その頃、飛驒の三木良頼《みつきよしより》と江馬輝盛《えまてるもり》は、武田氏についた江馬時盛《ときもり》（輝盛の父）と対立していたことから、謙信に救援を要請した。

これを受けた謙信は、信玄を牽制すべく七月下旬に信濃へ出陣。善光寺に到着したのち、八月三日に犀川を渡って川中島に布陣した。しかし、この時点で謙信は、信玄がどのあたりに陣を取ったのかを把握していなかった。

一方の信玄は、家臣の飯富《おぶ》昌景《まさかげ》と甘利《あまり》昌忠《まさただ》を飛騨に派遣して、飛騨攻めの指揮を取っていたが、謙信の出兵を知ると、小諸《こもろ》（現、小諸市）に移動、先陣が岡村《おかむら》（現、上田市）に到着したのち、八月下旬に川中島の南西部にあたる塩崎《しおざき》城（現、長野市）に入った。

謙信は、信玄との決戦を望んでいたが、信玄はこれを回避して城から動かず、そのため謙信が七月に信濃へ出陣してから、両者の対陣は六十日にも及んだ。その間に、江馬時盛が謙信に和睦を申し入れてきたので、謙信は十月に越後へ撤退した。

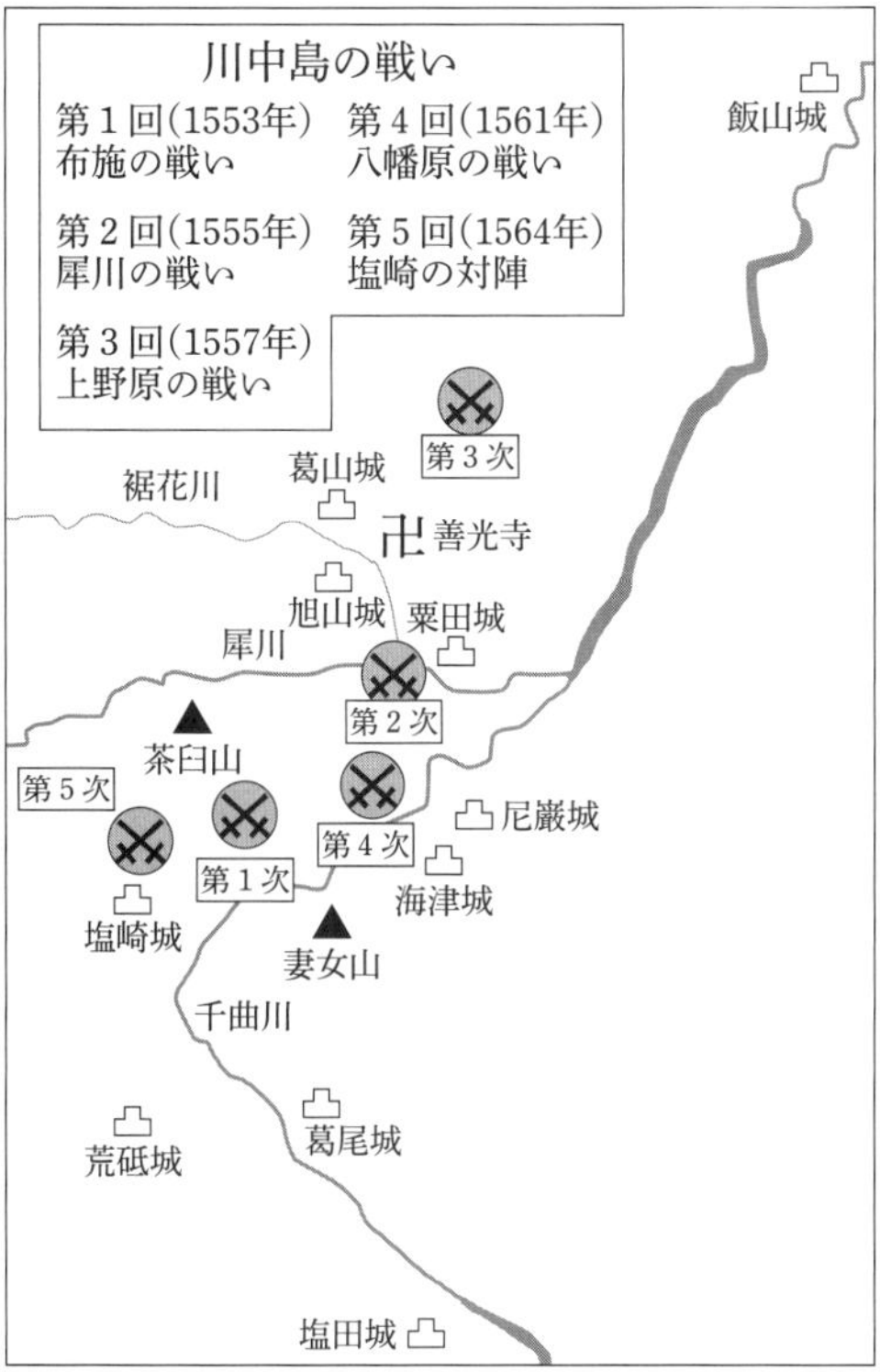

合戦の実態

以上のように、五回の合戦の概略を見ると、両軍が本格的に衝突したのは第四回だけである。それ以外は局地戦や長期の対陣が多く、合戦があった場所も、川中島という広い地域の中の別の場所で行われており、第一回の八幡《やわた》と荒砥に至っては、川中島から離れた別の場所であり、謙信が合戦に参加していることも不明である。

勝敗については、対陣や和睦、決着前の撤退など、明確な勝敗の分かれ目が不明なことが多いものの、謙信が攻め込んでいるほうが多いことから、実際の戦闘に関しては謙信の勝ちと言える。ただし、その後の領域支配に関しては、信玄が川中島をはじめとする信濃北部を掌握して、謙信が高井《たかい》と水内《みのち》の二郡を保持するのみとなったことから、領土の争奪に関しては信玄の勝ちと言える。だが、この結果によって、武田氏と上杉氏の権力が決定的に崩壊したわけではない。

また、合戦の事実を今に伝える史料に関しては、当時の古文書や古記録などはある程度残っており、合戦の存在自体は疑う余地がない。しかし、五回の中で史料の残存状況に偏りがあり、例えば、合戦の戦功を賞した感状《かんじょう》が多いのは第二回であり、激戦と言われた第四回は、感状はあるものの、合戦に至るまでの様子は、江戸期の軍記物によるところが大きい。

この第四回における有名なエピソード、信玄と謙信の一騎打ちについてだが、それを記した当時の史料はない。わずかに、永禄四年（一五六一）十月五日に近衛前久が謙信へ送った書状の中で、謙信が信玄に勝利したことを賞賛すると共に、謙信自身が太刀打ちに及んだと述べている部分があるが、これは謙信自身も戦闘に参加するほどの激戦ぶりを表してはいるものの、これをもって信玄と一騎打ちしたとするのは、過分な拡大解釈だろう。そもそも、軍勢の大将が敵陣に単騎で突撃して、大将同士で一騎打ちを行うこと自体が、当時の合戦ではあり得ないことである。

もう一つ、第四回の合戦には、上杉軍を誘き出して挟み撃ちにするという「きつつき戦法」を山本《やまもと》勘助《かんすけ》が考案したというエピソードがある。かつて、山本勘助は架空の人物とされていたが、現在ではその存在が当時の史料から確認されている。しかし、作戦を考案した様子を示す当時の史料は確認されておらず、やはり『甲陽軍鑑《こうようぐんかん》』など後世の史料によるものである。

なお、川中島の戦いについて記した代表的な史書『甲陽軍鑑』については、黒田日出男氏によって『甲陽軍鑑』の史料性が改めて見直され、ある程度は当時の雰囲気を伝えていると提唱されているが、合戦の詳細な様子などは、やはり内容を吟味して読まなければならないだろう。

このように川中島の戦いは、その知名度と比較して、第四回の激戦以外は、川中島という広い地域で、両軍の睨み合いが続き、決着がつかないまま、合戦が終了したというのが、実態ではないだろうか。

川中島の地形・地理

合戦が行われた川中島は、現在の行政区分では長野市篠ノ井地区にあたるが、長野盆地（善光寺平）の中央の千曲川と犀川に挟まれた中州一帯（犀川扇状地）の総称である。その中で、犀川以南の、南と東を千曲川、西を犀川丘陵、南西を聖川《ひじりがわ》に挟まれた地域を川中島平と呼び、面積は四十五キロ平方メートル、全域が扇状地性の沖積低地である。

扇状地の始まる扇頂部は、犀川付近の標高三百七十メートル、一番低い場所は犀川と千曲川の合流する地点の標高三百四十メートルで、長野盆地が内陸水域だった頃の古い地層である豊野層《とよのそう》の上に、犀川の乱流によって運ばれた土砂が堆積して形成された扇状地である。

気候的には、冷害が少なく、二毛作が盛んで、昭和三十年代中頃まで、七月に入ってから田植えが行われ、犀川や千曲川から取水した堰《せき》の水は、最高二十七℃から二十八℃にも達することから、稲の生育を早めた。梅雨直前の六月中旬は、砂塵が舞うほど田畑が乾燥するが、乾燥した土は、有機肥料の分解を促して二毛作を発達させた。

交通の要衝としての川中島

川中島は古代以来、北は越後国府、南は信濃国府、東は小県郡から上野国へ通じる交通の要衝であり、養和元年（一一八一）六月十三日に木曾義仲《きそよしなか》が越後の城資職《じょうすけもと》を迎撃して勝利した横田河原《よこたがわら》の戦い、建武二年（一三三五）七月に諏訪頼重《すわよりしげ》が信濃守護の小笠原貞宗《おがさわらさだむね》を攻撃した船山《ふねやま》の戦い、応永七年（一四〇〇）九月に村上氏をはじめとする大文字一揆《だいもんじいっき》が信濃守護の小笠原長秀《ながひで》を攻撃した大塔《おおとう》合戦など、戦国時代以前から川中島を主戦場とする合戦があった。

信玄と謙信の対決よりあとの天正十年（一五八二）、織田信長の死後に起こった、甲斐・信濃の領有をめぐる争乱である天正壬午《てんしょうじんご》の乱では、北条氏直《うじなお》（氏康の孫）の軍勢二万余が、北信濃制圧を目指して上野から侵入、小県郡を掌握したうえ、七月十二日に川中島の八幡へ進軍した。これに対して、海津城周辺に陣を構えた上杉景勝《かげかつ》（謙信の甥）の軍勢八千と対陣している。

広域地名としての川中島

地政学的に見た川中島の重要性は、広域地名としての川中島の成立にも関係すると考えられる。すなわち、武田氏の古文書にも天正年間に広域地名としての「川中島」の使用が見られ、天正十年（一五八二）三月二十九日には、武田氏滅亡後に行われた織田信長による武田領の知行分割の中で、織田氏家臣の森長可《もりながよし》に更級《さらしな》郡・埴科《はにしな》郡・高井郡・水内郡の支配と海津城への在城が命じられている。江戸時代には、松代《まつしろ》に真田氏が移封してくる元和八年（一六二二）まで、川中島藩が置かれ、検地帳の題名に「川中島四郡」と記されているものがあり、次第に更級郡以下の「川中島四郡」が定着してきて、現在では善光寺平を川中島平と同義に使用することもある。

このように、川中島の戦いが、五回とも川中島という広域地名の中の別の場所あるいはその周辺で行われていたにもかかわらず、すべて「川中島の戦い」と呼称されるのは、合戦以降の当該地域の支配の枠組みが拡大して、それが定着化したことによって、合戦の呼称も「川中島の戦い」に定着したのではないだろうか。

江戸時代における合戦の虚像の形成

川中島の戦いの知名度が上がった最大の要因として、江戸時代に隆盛を極めた兵学（軍学）の影響を忘れることはできない。特に江戸幕府は、徳川家康が武田領国を支配するようになったこともあって、信玄以来の軍法を伝えるとされる甲州流軍学を重視、そのテキストとなったのが、江戸時代初期の元和年間に成立したと言われる『甲陽軍鑑』である。

その中でも、第四回の合戦は、双方の陣形、武田軍の「きつつき戦法」、信玄と謙信の一騎打ちに代表されるように、合戦を彩る場面が強調され、この第四回の合戦が特に強調されて伝わったことが、実態とは懸け離れた川中島の戦いのイメージがその後に作られていく要因になったのではないだろうか。

兵学のテキストや軍記物などの文学作品にも見られるように、江戸時代は出版文化が盛んになった時代であり、そのことも川中島の戦いのイメージ形成と密接に繋がっている。江戸時代中期になると、歌舞伎《かぶき》や浄瑠璃《じょうるり》に代表される演劇の題材としても取り上げられ、また、本の挿絵などに使われた浮世絵、合戦の場面を描いた屏風、『甲陽軍鑑』を参考にして作られた合戦の陣取図など、川中島の戦いを視覚的に表現する作品が現れるようになった。それらの中で一番多く描かれたのが、第四回の合戦に関する場面である。

さらに、江戸時代後期の儒者・詩人・歴史家である頼山陽《らいさんよう》が作った漢詩『題不識庵撃機山図』（不《ふ》識庵機山《しきあんきざん》を撃《う》つの図《ず》に題《だい》す）は、「鞭声粛々《べんせいしゅくしゅく》……」で始まる詩吟の題材としても有名である。これは第四回の合戦で、謙信（不識庵《ふしきあん》）が夜中に妻女山を下りて千曲川を渡り、夜明けに武田軍と遭遇して信玄（機山《きざん》）に一騎打ちを仕掛ける場面を漢詩にしたもので、やはり第四回の合戦が題材となっている。現在、長野県千曲市にある雨宮の渡し跡は、第四回の合戦で謙信が渡河した場所と伝わる史跡で、頼山陽の漢詩を刻んだ石碑が建っている。

明治時代以降における合戦の虚像の形成

明治時代以降には、川中島平で陸軍の軍事演習がたびたび行われた。演習の様子が連日にわたって報道される中で、その様子を戦国時代の川中島の戦いに譬える新聞記事が見られる。これは、当時の人々が、過去の事件である川中島の戦いと陸軍の軍事演習を重ね合わせたものであり、軍隊が社会の中に受け入れられていた様子を示している。

また、江戸時代の陣取図に比べて、川中島の戦いの進軍ルートを正確に示した陣取図が、明治時代以降に見られるようになる。これは、近代的な軍隊の誕生により、近代的な戦術が導入され、過去の事件である川中島の戦いを、軍事面から科学的に解釈しようとする戦史研究の分野に影響を受けたものである。ここでも、やはり第四回の合戦が題材として取り上げられているが、これ以降、現在知られている川中島の戦いの姿が形成されていったと考えられる。

以上のように、江戸時代以来の川中島の戦いの虚像の形成が、明治時代以降に近代的軍事制度の影響を受けて、現在知られている川中島の戦い像に繫がっていったと考えられる。いわば、信濃国で起きた武田氏と上杉氏の一合戦から戦国時代を代表する合戦へと、合戦自体の意義づけが変化していき、その結果、第四回の合戦が川中島の戦いのすべてを物語るような現在の評価へと繫がっていったと考えられる。

近代歴史学による合戦の回数の検討

明治時代以降は、当時の古文書を中心とした近代歴史学の下で、実証的な川中島の戦いの研究が行われるようになり、その中で合戦の回数について言及した文献も見られるようになる。江戸時代においては、『甲陽軍艦』や上杉氏側の覚書である『川中島五箇度合戦之次第』、寛文元年（一六六一）二月成立の『北越耆談《ほくえつきだん》』などでは五回となっている。年代は天文二十二年・天文二十三年・弘治二年・弘治三年・永禄四年となっているが、これはやはり、後世に作られた史書という性格から、誤伝や著述者の記憶違いが原因と考えられる。以下、回数の問題に関して触れた文献をいくつか列挙すると、次の通りになる。

田中義成「甲越事跡考川中島合戦」（『史学会雑誌』一巻一号、一八八九年）

二回（弘治元年・永禄四年）

渡辺世祐『武田信玄の経綸と修養』（更科郡教育会、一九二九年）
　五回（天文二十二年・弘治元年・弘治三年・永禄四年・永禄七年）
北村建信『甲越川中島戦史』（報国学会、一九三二年）
　二回（弘治元年・永禄四年）
小林計一郎『川中島の戦』（春秋社、一九六三年）
　五回（天文二十二年・弘治元年・弘治三年・永禄四年・永禄七年）

田中氏は、江戸時代以来の五回の説を否定して、根拠となる史料を検討した結果、二回としており、北村氏はこの田中氏の説を補強している。これに対して渡辺氏は、今日の定説となっている五回の説を挙げており、小林氏もこれを支持して、現在の五回の説とその年代が定着している。

合戦の再考

近年では、柴辻俊六氏は、第四回の合戦を「川中島の戦い」とし、それ以外は「甲越対戦」として、関東の政治史をはじめとする、広範囲に及ぶ武田氏と上杉氏の対戦という意味で、その背景や双方にとっての歴史的意義を踏まえて考えるべきだと主張している。また第三回の合戦については、合戦があった「上野原」の場所について、旭山城と葛山城の中間にある谷間の台地上の原野であり、合戦の目的は両軍とも善光寺に連なる葛山城の確保であり、両軍の間で展開された局地戦の一つであると主張している。

笹本正治氏は、信玄と謙信の双方にとっての川中島の戦いの意義以外に、信濃国とっての川中島の戦いの意義を検討すべきであり、それは、川中島の戦いを通じて信濃は大半が武田氏の一円的な支配下に入ったが、そのことは近世の小藩分立の状態と比べると、信濃の歴史の中で特異な状態であると主張している。また、川中島の戦いが、信濃の歴史を通じて見られる中南信と東北信の争いの一つの表れで、応永七年（一四〇〇）の大塔の戦いと似た側面があるとも指摘している。

以上のことから、川中島の戦いは確かに五回行われたが、それは、両軍の直接的な戦闘のみを合戦と見るか、直接的な戦闘以外の、対陣や広範囲で断続的に行われた局地戦も合戦に含むのかで、回数が変化することも指摘できる。いわば狭義の「川中島の戦い」と広義の「川中島の戦い」があり、合戦呼称も含めて、特に広義の場合は、合戦の背景・地政・周辺の政治状況・後世の評価なども考えなければならないだろう。

主要参考文献

井上鋭夫校注『戦国史料叢書14　上杉史料集（下）』（人物往来社、一九六七年）
黒田日出男『「甲陽軍鑑」の史料論――武田信玄の国家構想』（校倉書房、二〇一五年）
小林計一郎『川中島の戦』（春秋社、一九六三年）
笹本正治『戦国大名武田氏の信濃支配』（名著出版、一九九〇年）
真田宝物館『川中島の戦いを科学する』（長野市教育委員会文化財課松代文化施設等管理事務所、二〇〇八年）

柴辻俊六『戦国期武田氏領の展開』（岩田書院、二〇〇一年）
柴辻俊六『信玄の戦略——組織、合戦、領国経営』（中公新書、二〇〇六年）
柴辻俊六「第三次川中島合戦の上野原の地について」（『戦国史研究』六七号、二〇一四年）
平山　優『武田信玄』（吉川弘文館、二〇〇六年）
松代文化財ボランティアの会編『北信濃の川中島合戦史跡』（松代文化施設等管理事務所、二〇〇七年）

第3章　信長の「天下」は日本全国を指すのか

古野　貢

通説的見解と課題

永禄十年（一五六七）、美濃の斎藤氏を滅ぼして岐阜城に移った織田信長は、「天下布武」の朱印を捺した書状を使い始めた。「天下布武」とは、武力が「天下」に行き渡る、すなわち天下統一を意味することから、信長の政治姿勢を端的に表現する言葉として広く用いられてきた。信長は翌永禄十一年（一五六八）、足利義昭《あしかがよしあき》を奉じて上洛する。義昭への供奉《ぐぶ》と破綻、その後の戦国大名をはじめとする武家勢力や本願寺《ほんがんじ》などの寺家勢力との戦闘、天皇・公家との交渉などを含む様々な活動は、信長の天下統一へ向けた動きと理解されてきた。

信長は天正十年（一五八二）六月の本能寺の変で死亡するものの、跡を継いだ羽柴秀吉、そして徳川家康が「天下統一」を果たしたことから、天下統一こそが戦国時代の大名が目指した目標、ゴールと認識されている。「織田が搗ね、羽柴が搗きし天下餅、座りしままに喰らふ徳川」という有名な狂歌のイメージである。ここから、戦国時代の様々な軍事行動がすべて天下統一に繋がる戦争と考えられ、信長こそが戦国期に混乱した天下、すなわち日本全国の統一を明確に意識した革新的な存在という理解が定着している。

このようなイメージは、信長の「天下」を日本全国と理解するところから始まっている。信長が「天下布武」印を使用し始めた永禄十年当時、信長の支配領域は尾張と美濃の二ヶ国に過ぎなかった。にもかかわらず、その段階において天下統一を謳う信長の希有壮大さがこれまで強調されてきた。しかし果たしてそうだろうか。イメージやある種の願望のようなものではない、信長の「天下」とは何だったのかを理解することが、よりリアルな戦国時代理解に繋がる。

以下、近年の新たな研究に基づき、信長の「天下」について改めて検証する。そのうえで、戦国時代を理解するための課題についても提示したい。

「天下布武」の「天下」とは

「天下布武」という信長の印文によって作り出された戦国時代後期のイメージに対して、近年、新たな見解が提示されている。それは、「天下布武」印でも採用され、信長の生涯を通じた軍事行動、すなわち統一されるべき日本全国を意味する「天下」の用語に対する疑義である。この疑義は、「天下」用語に対するものだけにとどまらず、戦国時代の大名たちの軍事行動の目的や行動規範は何だったのか、あるいは戦国時代と特記される中世末期に通底する社会支配の規範のようなものは何だったのか、という極めて重要な問題を考える契機となり得る。

こうした問題について、近年最もまとまって、丁寧に説明されているのが、神田千里氏の『織田信長』である（神田：二〇一四）。神田氏によれば、信長が標榜した「天下布武」の天下とは、日本全国を指すものではなく、地域的にはせいぜい畿内、もしくは将軍権力を指すものとされている。仮にそうだとするならば、信長は天下、すなわち全国統一を目指していなかったとも考えられ、従来の信長像に大きな修正を迫ることになる。まずはこのような理解について、主として神田氏の仕事に学びながら紹介する。

「天下布武」印が捺された朱印状

元亀元年（一五七〇）七月、信長は毛利元就《もうりもとなり》に対して朱印状を送った（『織田信長文書の研究』上、二四五）。内容は、同年四月からの越前攻撃や姉川の戦いなど、一連の浅井《あざい》・朝倉《あさくら》攻撃の経緯についての報告である。この朱印状の最後に「畿内やその他のことについてお聞きになりたいとのことなので、詳しく書きました。また追ってお伝えします」という内容の文言が確認でき、朱印が捺されている。この内容から確認できるのは、友好的な大名同士のやりとりであり、信長による一方的な武力行使の野望を読み取ることはできない。

次は天正元年（一五七三）八月付けの上杉謙信《うえすぎけんしん》宛て朱印状である（『織田信長文書の研究』上　三八五）。

この年（改元前の元亀四年）は、足利義昭が信長に対して公然と敵対姿勢を見せた年である。信長は槇《まき》島《しま》城の戦いで義昭を破り、三好義継《みよしよしつぐ》のもと（河内若江《わかえ》城）へ送り届けた。また越前攻撃を行い、朝倉氏を滅ぼしている。朱印状にはこれらの経緯が記され、さらに続けて加賀一向一揆の蜂起の噂を耳にしたことを告げて、以下のように続けている。

速やかに謙信殿は出陣され、一刻も早く討ち果たすべきです。加賀国の能美《のみ》・江沼《えぬま》両郡は我がほうに降伏を申し入れ、決着がついているので、越中の一揆は必ず敗走するでしょう。油断することなく、対応されることが肝要と存じます。

この内容からは、北陸の一向一揆への対処に苦慮する謙信に対し、同様の立場からの応援の姿勢が読み取れる。先の毛利元就への朱印状と同様、信長が謙信に対して武力行使を行う、といったような意思表明ではない。この頃、足利義昭は信長と対立していた武田信玄《たけだしんげん》、朝倉義景《よしかげ》、浅井長政《ながまさ》、本願寺（加賀一向一揆）などと結んでいた。逆に謙信は、信長と結んで義昭らに対抗していたのであり、先の朱印状は信長と謙信が連合して対応している様子が見てとれる。

神田氏は、この二通の朱印状が、いずれも同等の戦国時代の大名同士のやりとりであり、信長が武力を行き渡らせる（＝天下統一）ことを意味していないと評価した。ここで用いられている「天下」は日本全国を指すのではなく、朱印状を送った毛利・上杉両氏の支配領域を含まない。だから毛利・上杉両氏は信長の朱印の意味するところに対して、何ら反応しなかったというのである。

「天下」の意味

これまで「天下」は、自動的に日本全国と解釈されてきた。この理解だと「天下布武」は、なるほど武力による全国統一と理解できよう。しかし十六世紀の用例からは、漠然と全国を指す場合に加え、より限定された使われ方が目立つ。神田氏は、続けて「天下」の用例について検討する。

①信長が将軍足利義昭に迫って将軍の実権を奪取し、義昭を傀儡へ追いやったとされる永禄十三年（一五七〇）の五ヶ条の条書を挙げる。この四条目の「天下のことはどのようにも信長にお任せになった以上、諸軍のご命令なしに信長が自分の判断で計らうべきこと」という条文について、信長に天下を委任したのは将軍なのであり、将軍こそが天下に権限を行使する存在だったと指摘している。

②これに先立つ十六世紀前半、京都を追われた将軍義晴《よしはる》は、諸国の大名に対して、自らが再び帰京できるよう尽力することを求めた。越後の長尾為景《ながおためかげ》には大館常興《おおだちじょうこう》（義晴側近）から、「将軍が仰せられたことを受け入れ、早速御味方すれば、天下に対する忠義としてこれ以上のものはありません」（『上杉家文書』五月二十二日付け）という書状が届いている。

③十六世紀後半には、対立していた出雲の尼子《あまご》氏と安芸の毛利氏とが、将軍義輝《よしてる》の勧告によって和睦交渉をすることになった。尼子氏家臣は、毛利氏への書状の中で、「この安芸と出雲が和睦することは、『天下』へ御約束したことですから、何ら表裏のあることではありません」と述べている。この文脈からは、尼子氏家臣が御約束した「天下」とは将軍義輝としか考えられない。

④永禄十二年、義昭は上杉謙信に対して、「越後と甲斐とが和睦して、天下が平和になるような奉仕を、信長と談合することが大事である」（『上杉家文書』二月八日付け御内書）と指示している。これを謙信に取り次いだ信長は、「越後と甲斐との間の和睦について、将軍が御内書を出されました。この時にあたって和を結ばれ、将軍にご奉仕されることが大事です」（『上杉家文書』二月十日付け書状）と副えており、大名が天下の平和のために尽力することは、将軍への奉仕であると理解されていた。

これらの点を踏まえて神田氏は、「天下」の語で表現されるのは、①将軍それ自身、あるいは②将軍の管轄する政治、であるとする。また元亀四年の「十七ヶ条の諫言」中の「世間の評判」（第十条）、「世間の批判」（第十五条）など、③中央政権に対する世論の主体を指す場合もある、とする。

さらに、十五・六世紀に借金の棒引きとして行われた徳政《とくせい》を事例として挙げる。徳政が実施された際、売買あるいは貸借契約は有効であるとする徳政担保文言が記載されることがあるが、この徳政担保文言に、「天下一同の徳政、または国レベルの徳政、あるいは一定の私領内での徳政があっても」本契約は有効であるとする趣旨が書かれる場合がある。すなわち、天下における徳政、国レベルの徳政、国衆《くにしゅう》らの私領における徳政がそれぞれあったとして、④「天下」という概念が「国」とは異なる領域であることを示した。

「天下」の範囲

以上の点から、神田氏は、「天下」とは、現在のように日本全国、あるいはこの世界といった漠然とした意味で用いられていなかったと主張する。さらに重ねて、「天下」の範囲についても検討を加えている。

①ルイス・フロイスの書簡　「尊師も定めてご存じのことであるが、日本全土は六十六の国に分かれている。……その中で最も主要なものは日本の君主国を構成する五畿内の五つの王国である。というのは、ここに日本全土の首都である都があるからである。そして五畿内の君主となるものを天下の主君、すなわち日本の君主国の領主と呼び、その持てる権力と幸運に合致するだけ、天下の主君である者はその他の国々を従えようとするのである」(一五八八年二月二十日付けルイス・フロイス書翰、『一六・七世紀イエズス会日本報告集』Ⅲ七、一六一頁)。

ここからは京都を含む五畿内を「日本の君主国」と呼び、その君主を「天下の主君」と呼ぶことが明示されている。すなわち「天下」とは、京都を含む五畿内のことと認識されている。

②日本側の認識　天正十年(一五八二)六月の本能寺の変ののち、今後の織田家の維持についての議論が尾張清須《きよす》城(現、愛知県清須市)で行われた。信長後継を誰にするかが最大の争点だったが、その際、明智光秀の旧領の措置についても議論されている。そこで、光秀旧領の近江坂本《さかもと》城(現、滋賀県大津市)についての秀吉の言い分が示されている。「坂本城領は明智討伐の主役である秀吉こそ領有

すべきであると皆が言ってくれたけれども、もし拙者が坂本城領を持てば、天下を包み込むことになり、秀吉は天下に意見を通したいために志賀郡（坂本城領）を領有したと世間では思うだろうから、短期間であっても迷惑であるので、大人の配慮によって丹羽長秀《にわながひで》殿へ渡した」（『愛知県史』十二巻、五七）。

このことから神田氏は、当時秀吉は姫路城《ひめじ》（現、兵庫県姫路市）を拠点とする播磨国を領域としており、それに加えて近江国志賀郡を領有すれば秀吉所領が五畿内の両側を押さえることになる。つまり「天下を包む」ことになり、天下を包囲することが可能となる。ここでも「天下」は播磨国と近江国に「包まれる」地域であるとする。

さらにこうした認識は、上杉謙信も持っていたとされる。永禄九年（一五六六）、「武田信玄を退治し、北条氏康《ほうじょううじやす》と自分が真実の和睦を結び、留守にする越後国を気遣うことなく天下に上洛できるように」祈願している（『上杉家文書』）。謙信にとって「天下」とは、越後から上洛すべき場所であった。

「天下」とは

信長は、永禄十年（一五六七）に「天下布武」の朱印を使い始めた。先述のように、この時点における信長の支配領域は、尾張と美濃の二ヶ国に過ぎなかった。この段階で全国統一を標榜するのは現実的ではなかろう。むしろ、越前朝倉氏のもとで上洛を望みながらも成し得ていなかった義昭に供奉して上洛し、本来将軍が管轄すべき五畿内、すなわち「天下」の支配を再興するために尽力することこそが、信長の当面の目標だったとしたほうが説得的ではないか。

「天下布武」というスローガンのもとで想定される範囲は、五畿内という限定された地域である。この地域、すなわち「天下」に、失われ（つつあっ）た将軍による支配秩序の再構築を図ること。これが信長の「天下布武」の内実だった。このような認識であれば、信長の「天下」と毛利氏や上杉氏の支配領域とは抵触せず、両立可能なものと言える。信長は、あくまでも畿内における「天下」秩序の樹立を目指すという自己アピールとして「天下布武」印を用いた。そして上洛した信長は、義昭による畿内平定に尽力し、「天下」（＝五畿内）の平和を希求したのである。

さらに上洛以後の武田氏との戦い、西国の毛利氏との戦いも、積極的な領土拡張戦争ではなく、徳川家康の戦いへの援軍（対武田氏）、境目紛争の延長（対毛利氏）という文脈で理解すべきである、とする。

以上が神田氏の理解をもとにした、近年の信長の「天下」理解である。信長は、従来のイメージからすると、意外にも将軍権力、およびそこに淵源を持つ支配システムに従っていたと言える。革新的な創造者というイメージは必ずしも当てはまらないように思われる。以上のような理解に基づけば、「天下人」という言葉すら、五畿内の支配者程度の意味しか持ち得ない。

しかし、信長を継いだ秀吉は、「天下人」と称して日本全国の統一的支配を実現した。とすれば、「天下」の意味するところが、なお揺れている、とも考えられる。そこで、「天下」用語の意味するところについて再度確認し、信長の「天下」についてさらに考える素材を提示したい。

「天下」の用例

信長段階の「天下」については、先述のように、①将軍それ自身、②将軍の管轄する政治、③中央政権に対する世論の主体、④「国」とは異なる領域、との理解が示されている。ここでは「天下」の用例と、その対象領域についてまとめておく。

まず建武三年（一三三六）に定められた「建武式目（室町幕府法）」での「天下」である。ここでは「承久に義時朝臣天下を併呑《へいどん》す」とあり、承久《じょうきゅう》の乱で北条義時《ほうじょうよしとき》が幕府権力を全国規模に拡大したことを受けて、室町幕府が全国支配を行う前提を持つことを示している。よって、ここでの「天下」は日本全国を指すと考えられる。

次に、時代は下るが、正長《しょうちょう》の徳政令によって蜂起した土一揆《つちいっき》についての記述を見ておこう。「天下の土民蜂起す。徳政と号し酒屋土倉寺院等を破却せしめ、雑物などほしいままにこれを取り、借銭などことごとくこれを破る。管領これを成敗す。凡そ亡国の基、これに過ぐべからず。日本開白以来、土民蜂起是初めなり」（『大乗院日記目録《だいじょういんにっきもくろく》』）とあるが、ここでの「天下」は全国ではなく、正長徳政令の及ぶ範囲であり、畿内以上に広がるものではなかろう。

次は『今川仮名目録《いまがわかなもくろく》』。大永六年（一五二六）の最後の条目に、「天下の法度」との文言がある。これは鎌倉・室町幕府法ではなく、現実社会に定着した「天下大法」とも言われるもので、対象は全国に広がりうると考えられる。一方、天文二十二年（一五五三）の「追加」二十条には、「旧規より守護使不入ということは、将軍家天下一同御下知をもって、諸国の守護職仰せ付けらるる時の事である。守護使不入であるとしても、将軍の御下知に背くことができようか」と記されており、室町将軍による御下知は天下一同のものであって、背くことはできまい、との姿勢が示されている。畿内に限定されない範囲に「天下」の範囲を示している。

ところが永禄十一年（一五六八）の三好康長《やすなが》書状には、「天下の凶事、近ごろ勿体なく候」（『春日大社文書』）とある。ここでの「天下」の範囲は三好氏の支配領域であった畿内を指す。また永禄十二年（一五六九）正月十三日付けの足利義昭御内書には「入洛已後当城（本国寺）に至り馳せ上るといえども、逆徒（三好三人衆）等一戦に及び、ことごとく討ち果たす。いよいよ天下本意に属しおわんぬ」（『吉川家文書』）とあり、信長の供奉によって入洛した義昭は、当時の敵だった三好三人衆らを追うことで、天下が本意に属したと喜んでいる。ここでの「天下」は畿内だろう。

さらに、先に神田氏も取り上げていた、元亀元年（一五七〇）の毛利元就宛て、天正元年（一五七三）の上杉謙信宛ての信長朱印状で用いられた「天下」は、畿内地域を指す。

参考までに、慶長八年（一六〇三）に作成された『日葡辞書《にっぽじしょ》』で「天下」を引いてみると、「Tenca（テンカ　天下）Amega xita（天が下）　君主の権、または国家」と記されている。君主に重点を置けば畿内としてもよいし、国家に重点を置けば日本全国を指すことにも矛盾はない。

さて、このように「天下」の用例を並べてみると、明確に線引きができるわけではないが、室町幕府開幕時の全国規模から、十五世紀になると畿内に狭まってくる。ただし、こうした傾向は畿内地域においては顕著だが、それ以外の地域（駿河など）では、なお畿内に限定されるものではないあり方が十六世紀中葉になっても見られる。中葉以降には、「天下」の指す範囲はほぼ畿内に限定されるようになる。

それは畿内地域であっても、それ以外の地域にあっても同様の傾向を見せる。それが十七世紀になると、再び日本全国を視野に入れた表現を見出すことができるようになる。このことから、遅くとも十六世紀中葉には、「天下」は、いったん畿内地域を指すことになったと考えられる。

「天下布武」印の使用

一方、この「天下」という用語を、信長自身がどのように意識して使用していたのかについて考えてみたい。

信長の発給文書は、およそ千五百通余り。このうち「天下布武」の印文の入った朱印・黒印状は八百通余りが確認できる。信長朱印状は、永禄十年（一五六七）十一月の尾張国中島郡祖父江《そぶえ》（現、愛知県稲沢市）の坂井文助（利貞）宛てに扶助として旦島内の二十貫文を申し付けたのが初見とされている（『織田信長文書の研究』上、七七）。以後、管見によれば、永禄十二年（一五六八）四月七日付け若狭本郷信富《ほんごうのぶとみ》宛て（『同』一三九）、元亀元年（一五七〇）六月六日付けと推定される若狭武田信方《たけだのぶかた》宛て（『同』二三四）、同年七月十日付け毛利元就宛て（『同』二四五）が早い例で、天正元年（一五七三）八月に越前を押さえ、禁制《きんぜい》などを出すようになって以降、本領と畿内以外への朱印状発給が見出せるようになる。

それでも信長の支配領域だった尾張・美濃両国と畿内五ヶ国、および近江国以外の地域に発給されたものは数十通である。朱印・黒印状全体から見ても数パーセントを占めるに過ぎない。これは、「天下布武」印の入った朱印状が本来機能するのは、発給された信長本領、畿内近国なのであって、本領以外の畿内近国が「天下」であることを示していると考えられる。花押を用いた書状によって本領内や畿内をはじめ、他地域との外交・連絡は頻繁に取っているが、「天下布武」印を用いる際には、それなりの理由があったと考えるべきだろう。

なぜ信長の「天下」は五畿内か

すでに示されている信長の「天下」について、屋上屋を重ねるような議論を積み重ねてきた。そこで見出されたのは、「天下」概念が時代によって変化するらしいこと、信長もそのことを理解して朱印状を発給していたらしいこと、である。

信長の「天下」が五畿内であり、将軍それ自身や将軍の管轄する政治、あるいは中央政権に対する世論の主体や「国」とは異なる領域を指すということになると、そもそも「天下」は日本全国を指していたのに、なぜ五畿内に縮小したのだろうか。

これは、やはり「天下」が室町将軍を指すことから考えるべきであろう。周知のように、室町幕府は、十四世紀の開幕以来、全国に（一応）守護を配置し、全国政権としての態勢を整えた。幕府と守護は密接に連関しながら、十五世紀初頭の応永期には、中央と地方の支配を一定程度安定的に実現することに成功した。しかし、嘉吉《かきつ》の変、応仁《おうにん》・文明《ぶんめい》の乱、明応《めいおう》の政変など、十五世紀後半から十六世紀にかけての将軍暗殺や追放、守護をはじめとする幕府を支える諸勢力の分裂抗争など、幕府や将軍への求心力は著しく低下したとされる。

十六世紀以降の幕府や将軍が、それでも一定の領域支配権を行使しうる範囲は畿内近国に限定されるようになった。明確に境界を示すことはできないものの、おおむね五畿内、およびその周辺がその範囲と考えられる。この範囲の外側に位置する国々の大名らは、かつての守護のように、在京することもなくなったのである。

このように形成された範囲と、そこでの将軍権力への姿勢への対応が、「天下布武」という言葉に集約された。信長の「天下」は、それ以前からの政治状況を引きずったものであり、「天下」を本当に理解するには幕府や将軍、守護といった、前代の政治権力構造から説き起こす必要があるのである。

主要参考文献

池上裕子『織田信長』(吉川弘文館、二〇一二年)
金子 拓『織田信長〈天下人〉の実像』(講談社現代新書、二〇一四年)
金子 拓『織田信長権力論』(吉川弘文館、二〇一五年)
神田千里『織田信長』(ちくま新書、二〇一四年)
桐野作人『織田信長——戦国最強の軍事カリスマ』(新人物文庫、二〇一四年。初刊二〇一一年)
戦国史研究会編『織田権力の領域支配』(岩田書院、二〇一一年)
谷口克広『信長と将軍義昭——連携から追放、包囲網へ』(中公新書、二〇一四年)
堀 新『日本中世の歴史7 天下統一から鎖国へ』(吉川弘文館、二〇一〇年)
堀 新『織豊期王権論』(校倉書房、二〇一一年)
松下 浩『織田信長 その虚像と実像』(サンライズ出版、二〇一四年)

第4章
明智光秀の出自は土岐氏なのか

中脇　聖

光秀の生年と出身地

天正十年（一五八二）六月二日未明、西国への出陣を控えていた織田信長を京都本能寺に急襲、殺害したのが明智（惟任《これとう》）光秀だった。この光秀謀反の理由は、日本史史上でも最大の謎として衆目の的となっている。これと同時に謎に包まれているのが、彼の出自や前半生だろう。

出自についてはあとで詳述するとして、光秀の生年や出身地を確認しておきたい。まず、彼の生年で広く知られているのが『明智軍記《あけちぐんき》』の「順逆二門無し　大道心源に徹す　五十五年の夢　覚め来れば一元に帰す」の辞世で、歿年の天正十年時点の年齢を五十五歳としていることから逆算して、享禄元年（一五二八）生まれというものだろう。

しかし、『明智軍記』の成立が元禄六年（一六九三）から同十五年（一七〇二）の間までとされ、内容も意図的な創作と伝承を織り交ぜて記述されており、信用しがたい文学的な軍記物語であるため、辞世も歿した年齢もあてにならない。ほかにも諸説あるが、典拠となる史料の信憑性に問題があり、生年も謎と言わざるを得ない。

次に、出身地は特定されていないが、いくつか候補が挙がっている。

①岐阜県可児市・可児郡御嶽町など（『美濃国諸旧記《みののくにしょきゅうき》』）

②岐阜県恵那市明智町（『明智軍記』）

③岐阜県山県市美山町（『美濃誌《みのし》』）

④岐阜県大垣市上石津町多良（『明智氏一族宮城家相伝系図書』）

ほかにも福井県、京都府、滋賀県などに伝承が残っているらしいが、右掲した地域が有力で、特に①の可児市には明智城跡があり、②の恵那市にも明知《あけち》城跡がある。

このうち、②の恵那市にある明知城は遠山《とおやま》明知氏が宝治元年（一二四七）に築いたと伝わり、戦国末期頃まで居城としていたらしい。とすれば、この明知城が落城した時に牢人したとの伝承もあるが、光秀との直接的な関係はなさそうである。かといって①の明智城は土岐《とき》明智の惣領家民部大輔頼清《よりきよ》の二男、下野守頼兼《よりかね》が康永元年（一三四二）築いたと伝わるが、これも確証はなく、頼清―頼兼は、「系図」はともかく、良質な史料からは確認できず、光秀の出身地とするにも決め手に欠ける。

残念ながら、出身地も不明で、後述するが光秀の父すらはっきりしないという謎だらけの人物であり、突如として歴史の表舞台に姿を現すのである。

土岐明智氏と「明智系図」

光秀は、美濃国の守護土岐氏の流れを汲む土岐明智氏を出自とするというのが有力視されている。果たして、光秀は土岐氏の出なのだろうか。この点について考えるために、土岐明智氏の系譜や動向を確認しておきたい。

土岐氏は、清和源氏《せいわげんじ》の源《みなもとの》頼光《よりみつ》の子孫、光衡《みつひら》が平安末期に美濃国土岐郡に土着し、「土岐」を名乗ったのが始まりとされている（諸説あり）。『尊卑文脈《そんぴぶんみゃく》』の「土岐系図」では、

（源）頼光―頼国―国房―光国―光信―光基＝（土岐）光衡―光行―光定―頼貞

と記され、南北朝初期に土岐頼貞《よりさだ》が足利尊氏《あしかがたかうじ》に従って美濃国守護に任じられ、孫の頼康《よりやす》の代になると、尾張・伊勢の守護も兼ねるようになった。以降、室町幕府中枢で勢力を誇った。この頼康の父頼清の弟とみられる頼基《よりもと》の子が、美濃国妻木《つまき》郷ほかの地頭職を与えられ「明地（明智）」を名乗ったとされる彦九郎頼重《よりしげ》である。頼重は、暦応二年（一三三九）二月十八日付けの「足利直義《ただよし》下文」（「土岐文書」）を初見として、年未詳八月十六日付けの「足利義詮《よしあきら》書状」に「毎時そなたの事憑《たの》み入り候」と、土岐氏を支える庶流の有力者として期待されていた。

もっとも、土岐氏の庶流は何も明智氏だけではなく、池田《いけだ》氏・石谷《いしがい》氏・多治見《たじみ》氏・揖斐《いび》氏・長山《ながやま》氏・

蜂屋《はちや》氏・饗庭《あえば》氏・妻木氏など多くの諸氏が分派している。

この頼重以降、各種「土岐系図」のほか、土岐明智氏の流れを確認できる「明智系図」は、

①「明智系図」(『続群書類従　第五輯下　系図部』所収)

②「明智氏一族宮城家相伝系図書」(『大日本史料　第十一編之一』所収)

③「鈴木叢書本　明智系図」(東京大学史料編纂所謄写本所収)

④「明智系図」(『系図纂要　第12冊・上』所収)

⑤「明智家系図」(『明智一族　三宅家の史料』所収)

などが知られているが、すでに先行研究の多くが明らかにしているように、人名などをはじめとして系譜上の繋がりに異同が存在する。さらに、光秀の父にしても監物助光国《みつくに》・玄蕃頭光隆《みつたか》・安芸守光綱《みつつな》などの名前が伝わっており、確証が得られていない。つまり、各種「明智系図」からは土岐明智氏の流れを追うことは不可能と言っても過言ではないのである。

土岐明智氏系図の復元

そこで、残された「土岐文書」などから土岐明智氏の「惣領家」を復元された三宅唯美氏の成果(三宅：一九八八)を参考にしながら確認してみたい。三宅氏によれば「土岐文書」など、比較的信用できる同時代史料を年代的に並べて検討した結果、「血縁関係は不明である」と断ったうえで、次に掲

げる人物たちが「史料の性格からみて家督（惣領家）を保持していたことは間違いなく、この順に継承したものであろう」と推測されている。

頼重―浄皎―頼篤―国篤―某―頼宣（兵庫頭、法名玄宣）

〈参考〉寛永八年（一六三一）、妙心寺塔頭作成「明智系図」
頼重―頼篤―国篤―頼秋―頼秀―頼弘―頼定―頼尚―頼典（頼定カ）―光隆―光秀
「頼明（彦九郎カ）―定明

まず、「土岐文書」で確認できる最も古い時代の名前が、先に触れた彦九郎頼重である。暦応二年（一三三九）から貞治五年（一三六六）まで活動が確認できるが、延文六年（一三六一）に頼重継嗣と思われる下野守（法名・浄皎《じょうこう》）が将軍義詮から「御教書《みぎょうしょ》」を下され、永徳三年（一三八三）までの活動が確認でき、その所領は、尾張国海東庄（除天龍寺領）、美濃国妻木郷内笠原半分・曾木村・細野村、同国多藝庄内春木郷・多藝嶋郷・高田内河合郷、武氣庄内野所・安弘見・加藤郷、同国伊川郷（伊川新兵衛尉跡）、武蔵国大井郷不入読村頼重跡（「土岐文書」）と、美濃国土岐郡妻木郷（岐阜県土岐市妻木町）を中心に広大となっている。

しかし、「土岐文書」を参考に作成されたはずの妙心寺塔頭「明智系図」（前掲。以下、妙心寺「明智系図」と記す）に下野守の名は見えない。以降、文書の残存状況からは頼篤―国篤―某（玄宣と同一人物ヵ）―玄宣《げんせん》（兵庫頭）と惣領家が続いてきたのではないかと推定できる。

なお、現在確認できる「明智系図」の中で、玄宣の名が見えるのが、前掲『明智一族　三宅家の史料』に所収される系図の一つだが、初名頼典とされる「光継」の注記に「入道一関齋宗善或ハ玄宣」と記されている。だが、入道前の名は頼宣であり、次に述べるように玄宣と頼典は所領をめぐって争っていて、明らかに別人であろう。

土岐一族の所領争い

延徳二年（一四九〇）には、玄宣と同名（土岐明智）の「上総介父子」（頼尚―頼典父子ヵ）が「種々狼藉」（「別本伺事記録」）に及び、所領をめぐる争いが起っている。この上総介父子と玄宣との系譜上の繋がりは不明だが、前掲の妙心寺「明智系図」では、頼重から数えて八代目に頼尚が記されている。しかし、所領争いの幕府裁定が奉公衆の玄宣有利に働いていることから、玄宣が惣領家であり、頼尚は庶流だった可能性が高い。

その後、当初、有利に働いていたはずの所領争いの幕府裁定は、明応四年（一四九五）に頼尚の嫡子頼典（頼定）と玄宣が和睦し、所領は「折中」（半分に分ける）することを「下知」している。この背景には、いわゆる「明応の政変」によって「将軍権力」が急速に失墜し、将軍の後ろ盾を失った玄宣の「領主制」が崩壊したためとの指摘がある（三宅：一九八八）。争い直後の裁定が玄宣に有利だったことを考えれば、肯首できる。

とはいえ、頼尚と頼典（頼定）は、頼典（頼定）が「連々不孝の儀」を行ったことによって父から「義絶」（勘当）され、対立している。この結果、頼尚の継嗣は彦九郎（頼明カ）となり、将軍義稙《よしたね》の軍勢催促を受けるなど、事実上の土岐明智惣領家として遇されている。

つまり、玄宣の系統から惣領家が頼尚―彦九郎系統に移っているのである。先に触れた妙心寺「明智系図」に見える光秀の父光隆は、彦九郎（頼明カ）の甥とされているが、『明智軍記』など後世の軍記物でしか確認できず、光秀との関係は不明である。

さらに、文安年間（一四四四～四九）頃の「文安年中御番帳」（番衆の構成やその他を記した帳簿）に外様衆として「土岐明智中務少輔」（政宣）が見え、『尊卑分脈』の「明地（智）系図」にも確認できるが、玄宣や彦九郎（頼明カ）との系譜上の繋がりはわからない。

ここまで見てきたように、同時代の下限史料（永正十八年・一五二一）上に名前が見える土岐明智氏の彦九郎（頼明・兵部大輔カ）から光秀の初見史料（永禄十～十一年・一五六七～六八）までの空白期間は約五十年近くあり、各種「明智系図」も異同や誤謬が多い以上、光秀と土岐明智氏が血縁関係にあるのか、仮にあったとしても系譜上の繋がりなどは不明と言わざるを得ないのである。

付け加えれば、土岐明智出自説以外にも幕府奉公衆進士《しんし》氏の流れを汲む進士信周《のぶちか》の子（「明智氏一族宮城家相伝系図書」）とするものもあるが、ほかの史料で裏づけられない。

光秀の登場と足利義昭

歴史の表舞台に光秀が登場するのは、「永禄六年諸役人附」（「光源院殿御代当参衆并足軽以下衆覚」、以下『覚書』と記す。『群書類従　第二十九輯　雑部』所収）の足軽衆として記載される十四名の末尾に「明智」と見えるのが最初である。もっとも、はっきり光秀と記されているわけではなく、別人の可能性もあるが、この時期に義昭の周辺で明智を名乗り、その後も関係しているのは光秀一人なので、彼と考えておきたい。

この『覚書』は、前半と後半に分かれていて、前半は永禄六年（一五六三）頃の将軍足利義輝《よしてる》（光源院殿）側近を記したもので、後半は永禄八年〜同十一年の間に、将軍就任以前の足利義昭《よしあき》側近を記したものであるという（長：一九六二）。そして、内容を詳細に検討された黒嶋敏氏によれば、永禄十年二月から同十一年五月までの間に作成されたと考えられるそうだ（黒嶋：二〇一四）。

つまり光秀は、義昭が越前朝倉義景《あさくらよしかげ》の許に身を寄せていた時期に、側近として名前が見えるのである。ちなみに『覚書』の「足軽衆」とは、雑兵《ぞうひょう》を指すのではなく、近侍する者をいう。このことから、義昭に近侍する前の光秀は、越前朝倉氏に仕えていたのではないかとする見方もあるが、はっきりしない。

ただ、『多聞院日記《たもんいんにっき》』の天正十年（一五八二）六月十七日条によれば、光秀が「細川ノ兵部太夫（藤孝）」の中間《ちゅうげん》（主の身の回りの雑務を行う家臣）だったと認識されていたようで、藤孝の推挙で義昭に仕えるようになったのかもしれない。

また、義昭は幕府の形式的な伝統を重んじ、幕臣の家格も尊重する傾向にあった（谷口：二〇一四）。事実、「足軽衆」には、父義輝旧臣（一卜軒・沢村）・幕府政所執事《まんどころしつじ》伊勢氏旧臣（三上）・管領細川京兆《かんれいほそかわけいちょう》家旧臣（薬師寺・柳本）が加わっていた。とすれば、光秀の実際の出自はともかくとして、幕府奉公衆土岐明智氏の名字と同じ「明智」を名乗ることを対外的に認められたことになろう。これは、当時の人々からすれば、明智光秀＝土岐明智の流れを汲む人物と広く膾炙されるきっかけだったに違いあるまい。

そして、のち『遊行三十一祖　京畿御修行記』の天正八年（一五八〇）正月二十四日条に「惟任方（光秀）もと明智十兵衛尉といいて、濃州（美濃国）土岐一家牢人たりし」と記されていることからも、共通した認識だったことがわかる。

もっとも、光秀が義昭に近侍する時に初めて「明智」名字を名乗ったわけではないだろうが、確かな系譜では父の名前すら明らかではなく、それ以前の動向もわからないとなると、光秀の「明智」名乗りは、義昭に近侍するために自らの「家格」を箔づけするために行ったものではなかろうか。

信長への臣従

永禄十一年（一五六八）九月、光秀が仕えた足利義昭は、尾張の大名織田信長に奉じられて念願の上洛を果たす。この直前、「（永禄十一年ヵ）八月十四日付け長岡（細川）藤孝宛て信長判物」には「明智に申しふくめ候」とあり、光秀が藤孝への「取次」を務めている（六月にも同様の「取次」を務めている）。つまり、この時点で光秀は信長に仕えているのである。これは、何も義昭から信長に鞍替えしたというわけではなく、元亀四年（一五七三）の義昭京都追放まで両者に仕えていた。あるいは、元亀二年（一五七一）頃の光秀書状に「我ら進退の儀、御暇申し上げ候ところ」（「ＭＯＡ美術館所蔵文書」）と見えるので、同じ頃に義昭から離れ、完全に信長の家臣となったのかもしれない。

翌永禄十二年（一五六九）二月には、朝山日乗《あさやまにちじょう》・村井貞勝《むらいさだかつ》、四月には中川重政《なかがわしげまさ》、木下秀吉（のちの羽柴秀吉）、丹羽長秀《にわながひで》らと連署状（複数で署名した書状）を出して、有力家臣と共に行政に関与するようになっている。

以後、光秀は信長の重臣として八面六臂の活躍を見せ、丹波平定戦をはじめ、各地を転戦しつつ、織田「家中」における地位を向上させていく。

光秀の名字「明智」を考えるうえで避けて通れないのが、天正三年（一五七五）七月三日の日向守任官と「惟任」姓の授与だろう。『信長公記《しんちょうこうき》』巻八によれば「信長御官位を進められ候への趣、勅諚（天皇が定めたこと）御座候といえども、御斟酌にて御請けこれなし、併し内々御心持候ふや、御家老の御衆、友閑《ゆうかん》は宮内卿法印、友庵《ゆうあん》は二位法印、明智十兵衛は維（惟）任日向になされ、簗田左衛門太郎は別喜《べっき》右近に仰せ付けられ、丹羽五郎左衛門は惟住《これずみ》にさせられ、忝きの次第なり」と記され、光秀が信長の推挙で「惟任」という姓と「日向（守）」の官位を与えられている。

これは、この時期までの光秀に対する論功行賞の一環だろうが、与えられた「惟任」は名字なのか姓(「源・平・藤原・橘」)という問題が残る。そもそも「惟任」や簗田左衛門太郎の「別喜」、丹羽長秀の「惟住」は、九州の名族とされ、来るべき西国攻めのために信長が選んだものとされる。

それでは、実際の「惟任」とはどのような一族なのだろうか。ここで手がかりとなるのは、時代は下るが享保二年(一七一七)に刊行された『書言字考節用集《しょげんじこうせつようしゅう》』(『古事類苑　姓名部三　姓氏下』所収)である。そこには「鎮西九党」として、「少弐《しょうに》・大友《おおとも》・惟任・惟住・秋月《あきづき》・島津《しまづ》・菊池《きくち》・原田《はらだ》・松浦《まつら》」の諸氏が見え、いずれも九州地方の有力武士団が名字で記されている。つまり、惟任も名字であることがわかる。光秀は賜姓によって「本姓」を変えたのではなく、名字を「明智」から「惟任」に変えたのであった。

あとで詳述するように、光秀はこの前後から「明智」名字を自らに服属した国衆《くにしゅう》らへ授与するようになっており、「惟任」を本姓のように位置づけている。言い換えれば、自らの出自を喧伝する材料だった「明智」名字の価値のうえに、自分が唯一名乗る「惟任」名字を立てたと言えよう。

光秀と長宗我部氏

このほかにも、光秀の出自に関わるものとして、はずすことのできない史料を確認しておこう。良く知られている史料だが、禁裏(朝廷)の年貢や金銭を納めておく倉を管理する御倉職《みくらしき》を務めた立入《たてり》宗継《むねつぐ》が見聞きした出来事の覚書を集成したものを子孫が書き写した『立入左京亮入道隆佐記《たてりさきょうのすけにゅうどうりゅうさき》』に、「美濃国に住人とき（土岐）の随分衆也、明智十兵衛尉（光秀）、その後、上様（信長）より仰せ出だされ、惟任日向守になる」と記されている。

美濃国に住んでいた土岐氏の中でも身分の高い者である明智十兵衛尉と述べているが、これが光秀から直接聞いた話をもとに記したのか、世間に広まっていた光秀に関する話を伝聞して記したものかは判然としない。

また、光秀が実際に土岐明智氏の流れを汲む者だったとしたら、それが信長を急襲した本能寺の変の動機に関わるかもしれないという研究もある。近年発見された『石谷《いしがい》家文書』には、本能寺の変の十日前（五月は二十九日まで）、天正十年（一五八二）五月二十一日付けで光秀の重臣斎藤利三《さいとうとしみつ》に宛てた長宗我部元親《ちょうそかべもとちか》の書状が確認でき、それまで拒絶していた信長の四国政策の転換を条件付きながら受け入れる意思を示した。

土佐の大名長宗我部元親は、天正年間（一五七三～九三）の初め頃から信長と同盟に近い関係を結び、信長と元親の間を取り次いで交渉していたのが光秀だったのである。さらに、元親の正室は土岐明智氏の庶流石谷氏であり、斎藤利三は彼女の義兄だった。

本能寺の変が起こった六月二日は、信長の意向に従おうとしない元親を討伐するための軍勢が四国に渡る前日だったのである。絶体絶命の危機に立たされた元親を助けるために光秀が謀反に踏み切ったとするのを「四国説」という。

いかに関係が密接であり、重臣が縁戚関係にあるとはいえ、すべてを抛《なげう》って元親を救うほどの決意を光秀が固めたのかは疑問と言える。しかし、柴裕之氏によれば、当時の人々は現代の我々とは異なり、「個人が家などの帰属する集団のなかでこそ生存していくことができ、そのもとで活動していた時代において、個人の行いはそのままその人物が所属する集団の有様にも影響した」（柴：二〇一四）とされ、織田政権と長宗我部氏との断交・敵対、四国出兵という事態は、単に光秀個人の立場の失墜だけでなく、土岐明智家とその周縁の人々たちの浮沈に関わる重大な出来事だったと主張された。

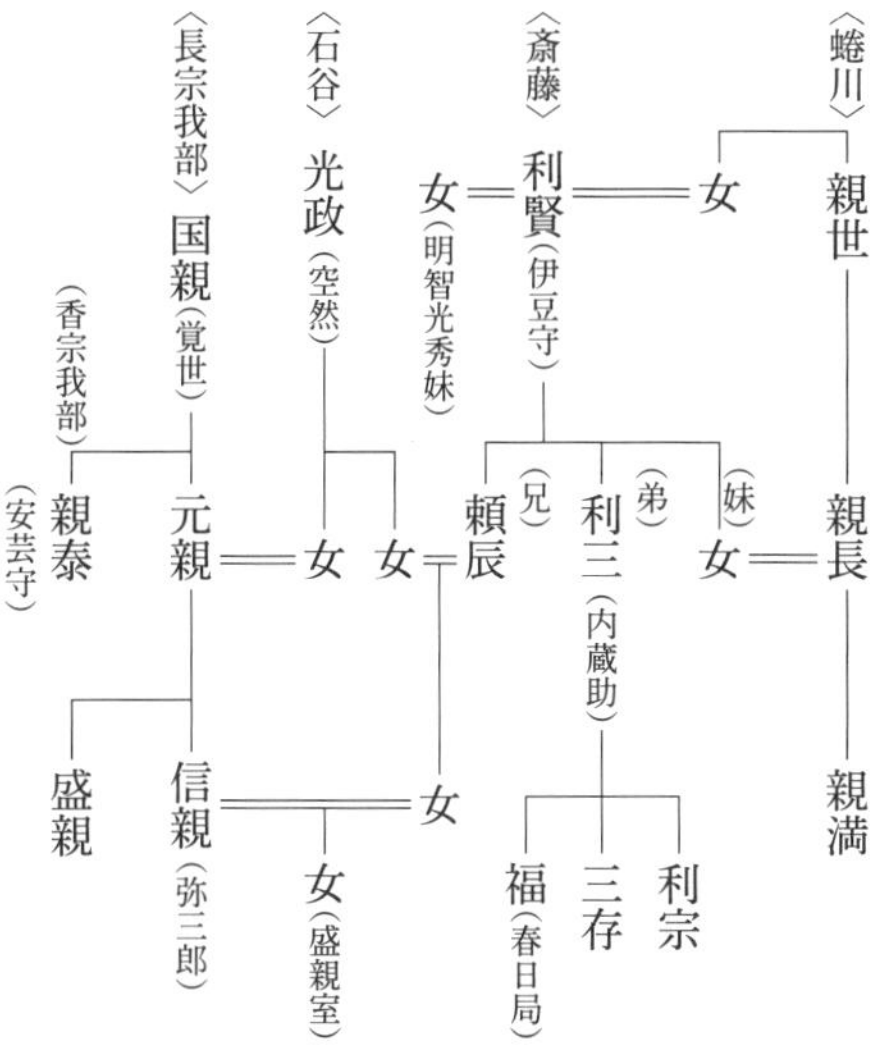

長宗我部元親縁戚関係略系図。朝倉慶景氏作図を一部改変して使用（同「長宗我部政権の特質について」『土佐史談』第215号、2000年）。

そして、「明智家の政治的失墜に対し政治生命・（家）格の護持のため四国出兵を阻止し、元親を救おうとした」と説いた。

つまり、柴氏は光秀を謀反に駆り立てたのは、個人の利害ではなく、（土岐）明智家という枠組みの中の問題とされたのだった。この一連の指摘は、大前提として光秀が土岐明智氏の流れを汲む人物であるという点に立脚している。だが、これまで見てきたように、光秀が確実に土岐明智氏を出自としているかは不明なのである。

とはいえ、光秀自身が明智を名乗っていたことは確かであり、真偽はともかく自らを明智という血族集団の一員と考えていたことは事実と言えよう。それだけに、光秀の出自を明らかにすることは、「本能寺の変」の動機を解明するワンピースとなるかもしれない。

土岐明智氏の擬制的血縁者「光秀」

繰り返しになるが、光秀は、実際はともかく当時の人々から土岐氏の流れを汲む明智一族と認識されていたことは確実だろう。先に触れた『覚書』の「足軽衆」の一員に名を連ねる「明智」とは、光秀を指す。

また、天正三年（一五七五）七月、「明智」から「惟任」に名字を改めた光秀は、それと前後するように自らへ服属した国衆らに「明智」名字を授与していたことが明らかにされている（藤田・福島：二〇一五）。この名字授与は、のちの羽柴秀吉による「豊臣」姓・「羽柴」名字の授与、徳川家康の「松平」名字の授与のモデルケースだったのである。

こうした名字授与は、それを媒介として擬制的な血縁関係を結ぶことで一門（親族）化し、授与した人物を頂点とする家格支配秩序の中に組み込もうとする政策だった。秀吉や家康の名字授与が大名を対象にしていたのに対し、光秀は「天下人」ではないので国衆・土豪への授与だが、これは古くから仕える家代々の譜代家臣を持たなかった光秀の苦肉の策であり、家臣団編成・強化を急がなければならなかったゆえだろう。

さらに言えば、「明智」名字を与えても、「惟任」名字は与えていないので、光秀は「惟任」という名字を本姓のように位置づけ、序列の頂点とした可能性があろう。

具体的な例を挙げると、天正七年（一五七九）二月六日付けの光秀判物案の宛所に「明智伊勢千代丸小畠一族中」とあり、伊勢千代丸の父明智越前守が丹波八上《やかみ》城（現、兵庫県篠山市）の攻防戦で討死にしたので、その後の処遇を指示したものである。この討死にした越前守と遺児の伊勢千代丸は、もともと「明智」名字ではなく、丹波国船井郡（現、京都府南丹市）宍人《ししうど》城を本拠とした国衆の小畠《おばた》氏だった。

光秀は丹波平定のための協力者として小畠越前守永明に「明智」名字を与え、一門に加えたのである。

実は、こうした「名字」を授与して擬制的な血縁関係を結ぶ例は、光秀が初めてというわけではない。東国の下総千葉氏に従属した山中《やまなか》城（現、千葉県山武郡芝山町）の和田《わだ》氏は、本来、千葉氏の一門ではないにもかかわらず千葉胤富《たねとみ》の偏諱《へんき》を与えられるだけでなく、一門として扱われた「名字」の家臣だった。

謎多き光秀の出自と土岐氏

つまり、光秀は出自が明らかでない、あるいは土岐氏の流れではないのに、土岐姓「明智」名字を名乗っていた。そして美濃国の出身であるという自称が当時の人々に共通認識として定着していたということは、光秀が越前朝倉氏に仕官する際、自らを土岐明智氏の流れを汲む者と「擬制」して、のちに将軍義昭の「足軽衆」に「明智」として列することができたからではないか。

もっとも、こうした推測は今後、史料の発掘によって「明智系図」の見直しが進み、系譜上の誤謬が改められるか、全く異なる出自ということが証明されたら意味をなさない。

しかし、光秀の取り入れた名字授与による一門化という政策が、自らの経験に基づくものだとすれば興味深い。

主要参考文献

長節子「所謂『永禄六年諸役人附』について」(『史学文学』四巻一号、一九六二年)

小和田哲男『明智光秀——つくられた「謀反人」』(PHP新書、一九九八年)

黒嶋敏「足利義昭の政権構想——『光源院殿御代当参衆並足軽以下衆覚』を読む」(同『中世の権力と列島』高志書院、二〇一二年。初出二〇〇四年)

柴裕之「明智光秀は、なぜ本能寺の変を起こしたのか」(日本史史料研究会編『信長研究の最前線——ここまでわかった「革新者」の実像』洋泉社歴史新書y、二〇一四年)

高柳光壽『明智光秀』（吉川弘文館、一九五八年）
谷口研語『明智光秀――浪人出身の外様大名の実像』（洋泉社歴史新書y、二〇一四年）
田端泰子「光秀の出自の謎」（『歴史読本』編集部編『ここまでわかった！　明智光秀の謎』新人物文庫、二〇一四年）
藤田達生・福島克彦編『明智光秀――史料で読む戦国史③』（八木書店、二〇一五年）
二木謙一編『明智光秀のすべて』（新人物往来社、一九九四年）
三宅家史料刊行会編『明智一族　三宅家の史料』（清文堂出版、二〇一五年）
三宅唯美「室町幕府奉公衆土岐明智氏の基礎的整理」（愛知県考古学談話会『マージナル』九号、一九八八年）

【附記】

参考文献などの所在、入手に際して、本書編者の渡邊大門氏、別府大学文学部の白峰旬氏より、ご高配を賜った。記して感謝申し上げる。

本書刊行と同時期に刊行された洋泉社編集部編『ここまでわかった　本能寺の変と明智光秀』所収、早島大祐氏の論稿「再起の契機となった『寺社訴訟』とは？　――新史料からみる光秀の実像」では、光秀の出自を近年注目を浴びるようになった史料（「戒和上昔今禄」）から検討されている。併せて、参照されたい。

第5章　本能寺の変の黒幕説（朝廷・足利義昭）は成り立つのか

木下昌規

これまでの通説

天正十年（一五八二）六月二日、本能寺の変（以下、便宜上「変」とする）が発生した。この変について、多くの説明は必要ないだろう。明智（当時は惟任《これとう》）光秀が本能寺に滞在中の主君織田信長を襲撃し、殺害した。この事実は動かない。

昔から光秀が変を起こした要因については、野望説、怨恨説、黒幕説など、多くの要因や背景が語られてきた。つまり、光秀の単独犯なのか、共犯者もしくは黒幕がいたのか、という点である。なお、実際に本能寺を襲撃したのは光秀の軍勢のみで、軍事面から言えば、光秀の単独犯である。この事実は相違ない。

近年では、織田信長の四国政策の転換（対長宗我部《ちょうそかべ》問題）が変勃発の大きな要因となったことが指摘され、研究者の間ではその説への支持が広まっている。さらに関連する新史料（「石谷《いしがい》家文書」）の発見で、四国説を根底とする、新しい変の発生背景が検討され始めている。当然、これらの説にも触れなければならないが、本章ではこれらの新見地については割愛し、本章のテーマである黒幕説、特に朝廷と足利義昭の二つの説に絞って見ていく。

朝廷（天皇・公家）黒幕説は成り立つか

まず、朝廷黒幕説は成り立つのであろうか。この場合の朝廷とは、正親町《おおぎまち》天皇や皇位継承者の誠仁《さねひと》親王、幾人かの公家衆（近衛前久《このえさきひさ》、勧修寺晴豊《かじゅうじはれとよ》や吉田兼見《よしだかねみ》など）も含まれる。

従来、信長と朝廷との関係を論じた研究は数多い。一つ一つ述べる余裕はないため、特にポイントとなる点を述べると、まず、①天皇の譲位問題、②天正九年の馬揃《うまぞろえ》の意味、③三職推任《さんしきすいにん》問題、④信長の自己神格化、などが挙げられよう。

信長と朝廷の関係については、確執があったという説と、反対に融和的だったという説に二分されている。少なくとも筆者は、両者は対立・緊張関係にはないという主張を支持する。

朝廷黒幕説は、信長と朝廷が緊張関係にあったという説を前提としたものである。朝廷と信長が融和的関係にあるのであれば、変を起こす理由はそもそもないだろう。もちろん、朝廷と信長が対立関係であっても、変への関与があったわけではない（黒幕ではない）とする研究者もいるので、その点は注意されたい。

立花京子氏は、当時武家伝奏《ぶけてんそう》だった勧修寺晴豊の日記の一部である「天正十年夏記」を検討する中で、朝廷黒幕説を提唱された（立花：二〇〇二）。これにはさらに、「三職推任問題」という論争が絡む。これは、天正十年五月に信長を、「関白・太政大臣・将軍」のいずれかに推任するかどうかという問題である。しかも、この推任を言い出したのは信長側なのか、朝廷側からなのか、その見解が分かれている。実際は、信長は安土《あづち》城（現、滋賀県近江八幡市）に下向した勅使の晴豊と対面せず、その後に変が勃発したため、推任自体は未遂に終わった。そのため、実態は現在でも解明されていない。

立花氏は推任について、信長側からの無理な要求であり、信長自身は推任されること自体を目的としていて、実際に任官するつもりはなかったという。しかし、推任されたなら、それを固辞する理由もないだろう。三職推任問題については、ほかにも多くの説があるが、それについては別の話題となってしまうので、ここでは深く言及しない。

次いで立花氏は、天正十年五月に信長が暦《こよみ》の改変を要求したことも挙げている。改暦は、いわば天皇大権に属するものであり、信長は天皇の権限に介入したという。結果的にこの信長の要求も、変の勃発で未遂に終わった。

さらに、右の晴豊の日記には、変直後に信長への心配や哀悼の記事がないこと、「謀反者」である光秀への批判がないことなど、立花氏は興味深い指摘をしている。また、変直後には近衛前久邸で酒宴が開かれていたことから、この酒宴を黒幕関係者の祝宴であったとする。確かに、同じ公家衆である吉田兼見の日記の記述にも信長への哀悼や、光秀への批判はない。

この立花氏の説は、変の研究をめぐって大きな影響を与えた。そのため、これを判断するには、多くの研究者と同様に、当時の朝廷と信長の関係を再検証する必要があろう。立花氏は、特に信長と朝廷との緊張関係から、公家衆が変に関与していたとされるが、実際その通りと言えるのだろうか。次に、正親町天皇の譲位問題を素材に見てみよう。

信長と天皇

①正親町天皇譲位問題　正親町天皇は、自身の譲位をめぐって信長と確執があったとされるが、天皇が儲君《ちょくん》（皇位継承者。なお当時、皇太子は存在しない）に譲位して上皇《じょうこう》になることは、現在と異なり、中世の天皇としてのあるべき姿である。戦国期の天皇である後土御門《ごつちみかど》天皇は譲位を望んだが、結局譲位することができず、在位したまま崩御《ほうぎょ》した。当時の公家の日記では、譲位せずに在位のまま崩御したことを「珍事」「無念」と記している（『後法興院記』『和長卿記』）。これ以降、後柏原《ごかしわばら》・後奈良《ごなら》と続く三代の天皇は、金銭問題（特に上皇となったあとの仙洞御所《せんとうごしょ》の造営や次代の即位式の費用など）によって譲位することなく、在位のまま崩御した。中世の天皇にとって譲位しないというのは、いわば異例のことであり（当然若年で崩御した場合は含まれない）、正親町天皇も当然、儲君の誠仁親王への譲位を望んでいた。

しかし、譲位を行うための費用は武家（当時は室町幕府）が捻出することになっており、事実上京都から将軍がいなくなっていた当時、その任を果たすべき存在が信長だった。実際に天正元年（一五七三）時点で、正親町天皇は信長からの譲位の申し入れについて喜んでおり、譲位を拒む理由がない。むしろ、早期に譲位することが天皇の意向であり、信長が譲位を強要したという説は、そもそも前提からして成り立たない。

また、譲位をめぐって問題となるのは、皇位継承者誠仁親王の立場である。誠仁親王と信長との関係については、融和関係、信長の「傀儡」という説と、自立した存在であるとの説がある。特に信長の傀儡という場合、その傀儡が次期天皇に即位するわけだから、信長が朝廷を意のままに操ることができるということになる。天皇はそういう状況を憂慮したという。

しかし、誠仁親王の立場について検討された金子拓氏は、信長の傀儡でないことを明確に証明された（金子：二〇一五）。その親王へ譲位することについては、朝廷側も何ら問題はないはずである。

また、信長は安土城に天皇を移そうとしたという説もあるが、史料的根拠は乏しい。

②朝廷・公家衆と信長　天皇と信長の確執を主張する説については、谷口克広氏が同様の検証の中で指摘しているように、論理的に飛躍した説が多く、疑問点が多い（谷口：二〇〇七）。

そもそも黒幕であれば、前提として必要な両者の緊張関係を明確に示す史料があるはずである。しかし結論から言えば、そのような史料は存在していない。公家衆が信長に不快であったということを示す史料がない以上、少なくとも公家衆は天下人信長を受け入れていたのであり、光秀に変をそそのかす必要がない。むしろ、経済的に朝廷の重要な支援者である信長の存在は、公家社会において必要不可欠である。天正九年（一五八一）の馬揃についても、近年の金子氏の研究によれば、朝廷への威圧ではなく、当時生母を失ったばかりの誠仁親王を元気づけるために行われたという。むしろ、信長は朝廷側に気を遣っていたと言えよう。

そもそも、今谷明氏の指摘を受けて谷口氏が述べているように、光秀自身は信長を討つことに対して「勅命」である旨を、何も周囲に標榜していないのである。当然、朝廷が信長を討伐するという名分や正当性を掲げることは、味方を増やす意味でも、敵対勢力を牽制する意味でも不可欠だろう。

基本的に、信長と朝廷が緊張関係にあったことを明示する史料や材料はない。朝廷黒幕説には一種の「思い込み」が含まれていると言える。だが、逆に両者がどこまで親密な関係であったかどうかも計りがたい。実際に、信長が殺害されたという大事件のわりには、信長への哀悼は少なく、自身の保身を優先している場面が多いからである（『兼見卿記』など）。

朝廷は変後の七日になって、光秀に勅使を派遣している。光秀への勅使派遣の際、誠仁親王が天皇に代わって派遣指示を出しているが、その際に、天皇からは光秀への贈り物があったにもかかわらず、誠仁親王からは一切祝儀を贈らなかったという（『兼見卿記』六月七日条）。そこに、皇位継承者による光秀への不満を読み取ることは可能だろう。

基本的に朝廷は、実際に京都を支配している武家権力に対して、どのような経緯で権力を得たかを気にする以上に、現実的に対応していくものである。特に信長以前の三好政権への朝廷の対応も同様である。何より今現在、朝廷・天皇の安全を保障してくれる権力であれば、信長であろうが、光秀であろうが、秀吉であろうが、感情的に好意を持たないにせよ、それを否定することはしないのである。

実際に、信長が京都単独の支配者となって以降、公家衆はあらゆる訴訟や嘆願を信長に対して行っており、公家衆にとって信長の存在は自身の権益保障に不可欠な存在だった。

なお立花氏は、このような公家衆がキリシタンと通じていたとしてキリシタン黒幕説にも繋げていくが、この説については論の飛躍が大きく、支持する研究者はいない。

足利義昭黒幕説は成り立つか

次に、将軍足利義昭黒幕説は成り立つのかについて考えてみたい。
①現職の将軍　まず、この義昭黒幕説を見ていくうえで確認しておかなければならない点がある。意外に思われるかもしれないが、義昭は天正十年（一五八二）時点でなお現職の征夷大将軍だった。それにもかかわらず、元亀四年（一五七三）に室町幕府が滅亡した、と教科書や年表に記載されることがある。
このことは、結果的に室町幕府が京都で再興しなかったということから来るもので、後世の人間の判断であり、同時代の人々の認識ではない。元亀四年に信長に敗れ、京都を追われたとはいえ、自動的に将軍職が消滅するわけはない。少なくとも当時は、将軍が死ぬか、そうでなければ次の将軍候補者が決まり、実際に将軍に就任しない限り、形式上とはいえ将軍職を保持したままなのである。

信長は新しい将軍後継者を擁立しなかったし（義昭の息子は人質として保持）、義昭の将軍職も剝奪しなかった（剝奪する権限もない）。つまり、京都を追われたからといって、将軍でなくなったということはないのである。

では、当時の義昭はどのような存在であったのだろうか。それについて、藤田達生氏が「鞆《とも》幕府論」を提唱された（藤田：二〇〇三）。これは、京都を追われ、天正四年（一五七六）に毛利氏の庇護下に入った義昭の滞在先である備後国鞆浦《とものうら》（現、広島県福山市）から取った呼称である。当時の義昭は、総勢百名近い幕府関係者を引き連れ、現地でいわば亡命政権を樹立していた。しかも現職の将軍として、各地の大名に打倒信長と幕府再興の指示を出し続けていた。これは、単なる「負け犬の遠吠え」ではなく、実際に大名にも影響力を持つものだったのである。

そこで藤田氏は、信長政権を「安土幕府」とし、義昭の「鞆幕府」と相克していたとされた。本章では、呼称も含めてこの「鞆幕府」についての是非を論じるつもりはないが、このような事実から見て、当時の義昭の権力を過小評価できないのである。とはいえ、過大評価すべきではないが、あくまでも義昭は現職の将軍であったこと、上位権力として、なお一部の大名に影響力を持つ存在だったという事実は、義昭説を理解するための重要なポイントとなる。

②義昭と光秀　さて、従来知られているように、義昭と光秀の関係は永禄十一年（一五六八）の義昭上洛以前に始まる。当時、越前朝倉《あさくら》氏に寄寓していた光秀は、朝倉氏を頼って越前に滞在した義昭と面識をもったという。その後、光秀は義昭に仕え、さらに光秀の才能を見込んだ信長にも仕えたとされる。光秀は義昭と信長の二君に仕え、両者の間を取り持つ存在だったという。さらに、義昭の側

近細川藤孝《ほそかわふじたか》（当時は長岡藤孝《ながおか》）との関係も深く、当時、藤孝の中間《ちゅうげん》と見なされることもあった。義昭と光秀の実際の関係性については、一般的に認知されていることと異なり、一次史料からはほとんど窺えず、いつから仕えたのか、その役割などを含め、両者の関係性は今後慎重に判断していく必要がある。

いずれにせよ、元亀二年（一五七一）十二月には、光秀は義昭へ致仕《ちし》を願い出ているので、これ以降、義昭との関係はいったん終焉したと見てよい。その後、義昭と信長との間に亀裂が入り、元亀四年に両者は軍事的に衝突してしまう。その結果、光秀は細川藤孝同様に信長のみを主君とするようになったことは相違ない。その後の光秀は、天正三年（一五七五）までは織田家の京都支配の担当者の一人だった。

少なくとも義昭と光秀との関係は、この時点、つまり元亀四年に義昭が京都を追われて没落した時点で絶縁したのである。それから天正十年六月の本能寺の変に至るまで、両者の関係は事実上絶縁していた。にもかかわらず、義昭が変の黒幕として研究史上に浮上してくるのである。

義昭黒幕説の疑問点

義昭が黒幕だったとする場合、いつくかの疑問点が残る。次にそれらを見ていこう。

①義昭と光秀は繫がっていたのか？　義昭が黒幕だった場合、何よりも変以前に両者の意思疎通が

あったはずである。しかし前述のように、義昭と光秀の関係は元亀四年（一五七三）の義昭没落によって絶縁した。基本的に両者の交流を示す史料はない。そもそも信長と対立する義昭と音信を行うことは、いわば信長への謀反、敵方内通と同意だからである。義昭の側近細川藤孝も、義昭との交流を絶縁した。もし両者が繋がっていたのであれば、それはいつからか。黒幕説を見ていくうえで、重要な問題である。

光秀の配下には伊勢《いせ》氏をはじめ、足利将軍家の直臣層が存在していた。これらの層が幕府再興を望んだ、もしくは義昭と光秀を仲介したという可能性もある。しかし、戦国期の将軍である十二代義晴《よしはる》や十三代義輝《よしてる》などは、たびたび京都を追われているが、その際、将軍に扈従せず、京都に残った直臣らは、将軍が京都に戻ってくれれば再び出仕するというように、消極的に将軍・幕府を捉えており、積極的に幕府再興に動くわけではなかった。京都から離れて光秀の配下になった旧直臣たちが、今さら積極的に幕府再興を望む理由がない（ただし、仮に将軍が再び京都に戻れば、また出仕するだろう）。

義昭も備後国鞆浦に動座したとはいえ、全く京都との関係が断絶したわけではない。特に、五山《ござん》など禅宗の僧を通じて京都方面との関係は継続していた。そのため、禅僧などが間に入って両者の関係を取り持ったという可能性は指摘できよう。しかし、残念ながら、そのようなことを示す史料が存在しないため、これについては推測の域を出ない。

そこで、義昭と光秀との音信があったかどうかをめぐって注目されている史料が、『森文書』の「（天正十年）六月十二日付け雑賀五郷土橋重治宛て明智光秀書状」である。

書状には、光秀が紀伊国雑賀《さいか》の土豪土橋重治《つちばししげはる》に対して、将軍義昭の上洛を承知した旨が記されている。藤田達生氏は、宛名の脇付《わきづけ》に「御返報」とあることから、これ以前に土橋方より音信があったことを指摘されている。しかし、すでに変より十日の間があり、変以前に音信があったかどうかは定かでない。むしろ、変が起きたあとに音信があったことも否定できないのである。ただ、義昭と光秀が間接的であれ、変の前後に音信を行っていたことは確かだろう。

また、『本法寺文書』の「(天正十年)六月十三日付け乃美宗勝宛て足利義昭御内書」がある。宛名の乃美宗勝《のみむねかつ》は、小早川隆景《こばやかわたかかげ》の重臣である。先の史料の翌日付けで、「信長討果上者」という文言が見える。つまり、義昭が「討ち果たした」と解釈するのか、「討ち果たしたら」と解釈するかで意味が変わってこよう。前者であれば、変の黒幕としての義昭が想像できようが、後者であれば、義昭の願望という範囲に収まる。

しかし、これらの史料だけで義昭が黒幕だったと理解するのは、やや飛躍しすぎだろう。もし、本当に義昭が黒幕だったならば、乃美宗勝ではなく、真っ先に毛利輝元《もうりてるもと》や小早川隆景に伝達するだろう。しかし、膨大な義昭発給文書が残る毛利家文書や小早川家文書には、このような文書はない。

②毛利氏はなぜ動かなかったのか？　何より義昭が変の黒幕であった場合、どうしても解決しなくてはならない問題がある。それは毛利氏（一門の吉川《きっかわ》氏・小早川氏含む）の動向である。前述のように、当時の義昭は毛利氏、特に小早川隆景の庇護下にあった。そして、義昭が直接動員できる可能性がある軍勢は、この毛利氏の軍勢をおいてほかにない。仮に毛利氏を切り捨て、光秀を頼って単身上洛し

た場合、毛利氏の面目を潰す行為になり、反感を買うだけだろう。

少なくとも、谷口克広氏の指摘にもあるように、当時の毛利氏は、光秀の謀反を事前に察知していたとは思えないし、その後しばらくは事件の詳細を理解できていない。義昭が本当に黒幕だったなら、前述のように真っ先に毛利氏と小早川氏に連絡するだろう。

一般的に知られていることとして、変後、光秀は毛利氏に使者を送ったが、使者が秀吉側に捕縛され、秀吉が変の事実を先に知ったというものがある。そもそも、毛利氏が事前に謀反を知っていたのなら、そのような危険な経路を使って、光秀がわざわざ使者を派遣するだろうか。

また、毛利氏が有利な状況となるにもかかわらず、変の知らせを聞いた秀吉と和睦し、その後も義昭を奉じて上洛しようとしなかった。これについては、毛利氏がそもそも上洛自体に消極的であったから、上洛する軍事的余裕がなかったから、と理解できるかもしれない。しかし、義昭が黒幕だったならば、事前に情報を得ていないということは考えられない。なぜなら、谷口氏も指摘されているように、義昭はあくまでも毛利氏に擁立されて上洛することを前提に活動していたからである。もちろん光秀と毛利氏両者の音信も見られない。

そもそも、義昭は毛利氏のもとに滞在しながら、全国の諸大名にも上洛協力を命じていた。戦国期の将軍は複数の大名を頼り、一大名に偏重しないようにバランスを取っていた。当初の義昭も、信長だけでなく、そのほかの大名にも上洛を促して政権への参加を求め、河内畠山《はたけやま》氏や三好《みよし》氏なども、かつては義昭を支える大名だった。そのため、毛利氏はもちろん、上杉氏や武田氏、北条氏なども連携を図ろうしていたのである。

確かに天正七年（一五七九）には、越後上杉氏は謙信の後継者をめぐる内乱（御館《おたて》の乱）によって義昭どころではなくなっていたし、天正八年（一五八〇）には大坂本願寺《ほんがんじ》が信長と和睦している。さらには、甲斐武田氏が天正十年（一五八二）三月に滅亡してしまった。信長勢力が優位になっていく中で、義昭に協力する大名が激減していった。これに危機を覚えたため、外部ではなく内部から崩壊させようと光秀に謀反を示唆したとも理解できる。しかし、仮にそうだとしても、毛利氏の重要性に変わりはない。毛利氏を切り捨てて、変成功の可否の定まらない状態で光秀のみに頼るということはないだろう。

さらに、京都で信長が討たれたとはいえ、畿内周辺にはなお織田一族や家臣が存在している。その中で毛利氏の軍事力は欠かせない。その毛利氏の軍事力を無視して、義昭は光秀に賭けたのだろうか。また、光秀も毛利氏との連絡をおろそかにしたはずがないだろう。少なくとも、一次史料からは毛利氏と光秀の交流は窺えない。史料がない以上、歴史学の基本として両者の連携関係はなかったと言ってよいのである。

何より義昭本人が、全国の諸大名に対して自身の関与を一切触れていない点が重要である。義昭が黒幕だったのであれば、この点の説明が必要となろう。膨大な数の御内書《ごないしょ》（将軍の手紙）を各地の大名らに発給した中で、変の首謀者であることを明言したものはない。逆臣信長を討ったのだから、それを隠匿する必要はないだろう。確かに義昭黒幕説は興味深い説ではあるものの、状況証拠や残存史料の内容に問題が残るため、賛同できないのである。

黒幕に政権構想はあったのか

各黒幕説に関連して、さらなる疑問点は、光秀が変を起こしたあと、その後の政権構想をどのように持っていたのか。また、どのような地位を望んだのか。つまり、光秀本人が天下人となろうとしたのか、義昭を京都に戻して幕府を再興させようとしたのか、天皇親政なのか、その構想が明確でない。仮に義昭が黒幕だった場合、その目的は幕府の再興だろう。しかし、その間もなく山崎の戦いで光秀が敗北したため、結局どのような政権を構想していたのか不明であるし、光秀自身がその幕府でどのような地位を望んだのであろうかも不明である。もし、幕府再興が目的であれば、変の直後に大義名分としてそのことを宣伝するのではないだろうか。

ところが、当時の公家衆の日記をはじめとする記録類には、光秀が義昭を戻す（幕府再興）などの話題は一切記されていない。変の直後、光秀と直接会話をした吉田兼見（当時は兼和《かねかず》）も、そのことには一切触れていない。大事件のたびにいくつもの風説が飛び交うのが、当時の京都である。そこで義昭の存在は一切無視されている。光秀がすでに義昭の上洛を承知していたのであれば、当然光秀が謀反者でないことを示すために宣伝するだろう。秘匿する必要がない。

しかし京都の人間は、光秀と義昭との関係については知らなかったと言ってよい。このことについてはほとんど注目されていないが、重要な点だろう。京都の人間は、誰もこの変に義昭の影を見ていないのである。このことから、義昭と光秀が連絡を持ったのは、基本的には変以降のことなのではないかと思われる。

また、仮に朝廷が黒幕であった場合、武家権力を排除して後醍醐《ごだいご》天皇の時代のような天皇親政を復活させようとしたのか、光秀を将軍としようとしたのか。この疑問への答えは現時点ではできないと言ってよい。なぜなら、それに関する史料が存在していないからである。実際に史料はあったが、朝廷関係者が都合の悪い史料を破棄したのでは、という意見もあろうが、想像の域を出ない。

当然、天皇親政はあり得ないだろう。たとえ誠仁親王に譲位するにせよ、その費用の算段も武家権力を無視して行うことは不可能だし、室町幕府再興も意識されていない状況で、なお残る織田家や全国の大名をどのようにまとめあげるのか、朝廷側の指向が全く見えてこない。朝廷も王政復古を何ら宣伝しておらず、やはり変とは関係ないだろう。

仮に、積極的に朝廷説を支持するのであれば、光秀は公家衆の戯れ言を本気にしたことになろう。もし本当ならば、あまりに無謀で稚拙な判断であり、そのようなことで光秀が変を起こすであろうか。

黒幕説の実態

黒幕がいたのか、確かに疑えばきりがないテーマと言える。疑うということは歴史学において重要な視点であるが、何でも疑えばよいわけではない。ここで取り上げた朝廷や足利義昭のほかにも、いくつかの黒幕説は存在するが、どれも証拠はおろか、論理的に説としてすら成立していない。

黒幕説を見ていくと、各説には必ず多くの疑問点や不審点が浮かび上がる。黒幕説が積極的に支持されないのは、多くの疑問点や不審に史料から答えることができないためと言える。その中でも朝廷および義昭黒幕説は、わずかながらも関連史料があり、検証する意味がある説ではある。しかし筆者の結論を言えば、少なくとも光秀の謀反に朝廷も義昭も影響していたとは言いがたい。光秀がこれらの勢力を利用しようとしたことはあるかもしれないが、朝廷や義昭が積極的に光秀に謀反を勧めたとは理解できない。

しかし、史料に残されない事実も多い。重要事項は口頭で伝えられることも多いため、文字では残らない。その隙間を埋めるには史料的・論理的裏づけが必要となる。少なくとも黒幕説については、いまだそのような裏づけができているとは言えない。それゆえ、未知の新史料が出てこない限りは、現在の黒幕説はフィクションの範疇の中にあるのである。

主要参考文献

浅利尚民・内池英樹編『石谷家文書——将軍側近のみた戦国乱世』（吉川弘文館、二〇一五年）
今谷　明『信長と天皇——中世的権威に挑む覇王』（講談社学術文庫、二〇〇二年）
金子　拓『織田信長権力論』（吉川弘文館、二〇一五年）
神田裕理『戦国・織豊期の朝廷と公家社会』（校倉書房、二〇一一年）

立花京子『信長権力と朝廷　第二版』（岩田書院、二〇〇二年）
立花京子『信長と十字架――「天下布武」の真実を追う』（集英社新書、二〇〇四年）
谷口克広『検証　本能寺の変』（吉川弘文館、二〇〇七年）
藤田達生『謎とき本能寺の変』（講談社現代新書、二〇〇三年）
藤田達生『証言　本能寺の変――史料で読む戦国史①』（八木書店、二〇一〇年）
盛本昌広『本能寺の変――史実の再検証』（東京堂出版、二〇一六年）

第6章 「神君伊賀越え」の真相

平野明夫

「神君伊賀越え」の謎

「神君伊賀越え」とは、天正十年（一五八二）六月の本能寺の変直後、堺（現、大阪府堺市）にいた徳川家康が、本国三河へ帰る逃避行を言う。そして、『徳川実紀《とくがわじっき》』が家康の生涯の中で「艱難《かんなん》の第一」と評するほど、死の危険に直面したと捉えられている。

この逃避行については、いくつかの疑問がある。疑問の一つ目は、家康が本能寺の変をどのようにして知ったのかである。家康は、本能寺の変直後に堺から京都へ向けて出発している。その理由とも関連する。疑問の二つ目は、逃避行のルートである。江戸時代以来、諸説紛々である。総体的に、「艱難の第一」と評されるほど危機的状況だったのか。これが疑問の三つ目である。このほかにも疑問はあるものの、ここではこうした疑問を検討し、それによって「神君伊賀越え」の真相に迫りたい。

「神君伊賀越え」の基本文献

真相に迫るために問題となるのは、史料である。「神君伊賀越え」に関する基本的な文献は、『家忠《いえただ》日記《にっき》』『多聞院日記《たもんいんにっき》』『天正日記《てんしょうにっき》』『当代記《とうだいき》』『老人雑話《ろうじんざつわ》』『日本耶蘇会年報《にほんやそかいねんぽう》』『石川忠総留書《いしかわただふさとめがき》』『石川《いしかわ》正西聞見集《しょうさいぶんけんしゅう》』『三河物語《みかわものがたり》』の九点と考えられている（藤田：二〇〇五）。それぞれの性格を確認しておこう。

『家忠日記』は、徳川家康の一族で家臣の深溝松平家忠《ふこうずまつだいらいえただ》の日記である。「神君伊賀越え」に関する記述は多くないものの、三河にいて家康一行を出迎えた当日の記事があり、信憑性は高い。

『多聞院日記』は、大和興福寺《こうふくじ》多聞院の僧侶英俊《えいしゅん》が記した日記で、総体的に記述の信頼性は高い。ただし、『多聞院日記』には、「神君伊賀越え」に関する記述はない。

『天正日記』は、当時鷺森《さぎのもり》（現、和歌山市）にいた本願寺顕如《ほんがんじけんにょ》の右筆だった宇野主水《うのもんど》の日記であり、『宇野主水日記』『顕如上人貝塚御座所《けんにょしょうにんかいづかござしょ》日記』『鷺森日記』などとも呼ばれる。本能寺の変直後の家康の動向を記している。顕如は、堺見物中の家康の許へ使者を派遣しており、その動向は直接見聞した人物の報告を基にしていると考えられる。

『当代記』は、江戸時代初めには成立していたものの、作者未詳である。『老人雑話』は、京都の医師江村専斎《えむらせんさい》の口述記とされている。両書は、同時代人の見聞を基にしている可能性があるものの、成立に不明な点があり、信頼性が不定である。

『日本耶蘇会年報』は、イエズス会宣教師ルイス＝フロイスが作成した本国宛ての報告書である。一五八三年二月十三日（天正十一年正月二十一日）付け肥前口之津《くちのつ》（現、長崎県南島原市）から送られた報告書に、該当する記述がある。報告書の作成は、ややあとであるものの、報告書作成のためのメモに基づくと考えられ、同時期の見聞を記したものと考えられる。

『石川忠総留書』は、大久保忠隣《おおくぼただちか》の次男で、石川康通《やすみち》の養子となった石川忠総の著述である。忠総は、天正十年の生まれなので、同時期に直接話を聞いたわけではないものの、実父大久保忠隣と養父石川康通は共に家康に随行しており、体験者から直接話を聞ける立場にあった。

『石川正西聞見集』は、松井松平家の家老である石川正西が、万治二年（一六五九）秋、主君松平康《やす》映《てる》の命を受けて、生涯の見聞を記述したもので、翌年八十七歳の時に完成して献上した。正西が十歳の時の出来事であり、体験者からの話を聞いていたと見られる。

『三河物語』は、大久保彦左衛門忠教《ひこざえもんただたか》の著作で、天正十年は忠教二十三歳の時である。また、家康に随行した大久保忠佐《ただすけ》は実兄であり、忠隣は甥である。帰還直後に話を聞いたであろう。

『石川忠総留書』『石川正西聞見集』『三河物語』は、ほぼ同時代の人による著作で、家康に従った人々から直接・間接に話を聞いたと考えられる。しかし、数十年後に著述したものであり、全面的に信用することは避けたほうがよいとされている。その中でも『石川忠総留書』は、比較的信頼性が高いとされ、「神君伊賀越え」の根拠とすべきだとの意見もある（久保：一九八六、藤田：二〇〇五）。

本能寺の変の把握

本能寺の変が起きた時、家康は堺にいた。

家康は、天正十年（一五八二）五月二十九日に堺へ着き、その晩は松井友閑《まついゆうかん》のところで振る舞われた。翌六月一日は、朝は今井宗久《いまいそうきゅう》、昼は津田宗及《つだそうぎゅう》、夜は松井友閑のところで、それぞれ茶会があり、その後、幸若舞《こうわかまい》を観ながらの酒宴があった。信忠《のぶただ》から付けられていた杉原某、信長から付けられていた長谷川竹秀一《ひでかず》も同席していた。宿泊は、堺各地の寺院だった。六月二日の朝に京都へ向かった。これらの行動は『天正日記』に記されており、事実と認められる。

ここでの問題の一つは、六月二日朝の上洛である。『天正日記』は、非常に差し迫って（原文「火急に」）上洛したとし、信長が安土《あづち》から二十九日に上洛したとの情報を得たためで、家康はあたふたと（原文「ふた〱と」）上洛していったとしている。また、あとから書き加えたと考えられる筆で、信長の自刃を知った家康は、それを隠して、計略で上洛すると言ったのだと注記されている。

しかし、この注記は穿ちすぎで、本能寺の変で午前八時頃に信長は自刃しており、いくら何でも、早朝に家康がその凶報を知ったとするのは早すぎる。また、『天王寺屋会記《てんのうじやかいき》』によれば、家康だけでなく、松井友閑や津田宗及なども上洛しようとしていた。しかし、宗及は天王寺あたりまで行った時点で、信長の死を知って引き返している。友閑も同様である。家康が上洛したのは、信長が茶道具の披露を行おうとしており、それを出迎えようとしたのだ、という意見がある（桐野：二〇〇八）。

この意見については、反批判が管見に触れないものの、『天正日記』の注記通りと捉えるのが妥当ではなかろうか。

まず、本能寺の変の時刻は、『言経卿記《ときつねきょうき》』に卯の刻とある。卯の刻は日の出の時刻なので、天正十年六月二日＝一五八二年六月二十一日の日の出は午前四時三十分頃で、この季節の一刻は百五十分ほどのため、卯の刻は午前四時から午前六時三十分頃までを指す。したがって、信長の自刃は午前七時前だったと考えられる。また、家康の行動は、朝ではあるものの早朝ではない。『天王寺屋会記』の記事も、松井友閑や津田宗及などが上洛しようとしていたとするのは、信長の凶事を知ってからと捉えられる。

何よりも、『天正日記』が家康の行動を、「火急」とし、「ふたくと」上洛したという状況は、信長の出迎えのためとは考え難い。家康は、本能寺の変に関する第一報を、六月二日朝、堺の宿泊先で聞いたのだろう。

この第一報は、茶屋四郎次郎清延《ちゃやしろうじろうきよのぶ》の使者によってもたらされたのではなかろうか。三河出身の茶屋清延は、徳川家の在京雑掌《ざっしょう》だった可能性がある。在京雑掌とは、言わば今日の各国駐在大使のような存在である。京都での情報を収集し、本国へ伝えていた。永禄から元亀の頃は、誓願寺《せいがんじ》が担っており、その住持泰翁慶岳《たいおうけいがく》の死去（天正二年正月十三日）後は、茶屋清延が担ったと推測される。

家康は、茶屋清延によってもたらされた第一報の真偽を確かめるため、信頼する本多忠勝《ほんだただかつ》を先発させた。一方、確信的な情報を得た茶屋清延は、自ら第二報をもたらすべく堺へ向かっていた。本多忠勝は茶屋清延に出会い、共に家康へ報告したのである。

本多忠勝と茶屋清延が家康と会った場所については、守口《もりぐち》(現、大阪府守口市)、飯盛山《いいもりやま》(現、大阪府四條畷市)、枚方《ひらかた》(現、大阪府枚方市)の三説がある。飯盛山は、京都から東高野街道が枚方丘陵を横断して大阪平野に入る入口にあたり、京都と大坂を繋ぐ軍事的要衝だった(『角川日本地名大辞典 大阪府』)。枚方から大坂へのルート上に飯盛山がある。大坂から京都へのルートを考えると、飯盛山を通ったとみるのが自然であり、そうすると守口は北に寄りすぎている。本多忠勝と茶屋清延が出会ったのが枚方付近で、二人が家康へ報告したのが飯盛山と捉えるのが妥当だろう(桐野:二〇〇八)。

逃避行ルート

江戸幕府が編集した『朝野旧聞裒藁《ちょうやきゅうぶんほうこう》』は、逃避行ルートを大きく三説に分けている。一つは、河内から山城を経て近江・伊賀を越えて伊勢で乗船して三河へ至るルートである。二つ目は、河内から大和へ向かうルートである。三つ目は、堺から天満川《てんまがわ》・淀川《よどがわ》筋を乗船したとするルートである。

こうした諸説がある理由として同書では、潜行しているので、人数を分けて退去した結果、それぞれが聞いた箇所のみを書き留めたためと推測している。そして、天満川・淀川乗船は採るに足りない説とする。また、大和ルートは高見越《たかみごえ》(現、奈良県東吉野村・三重県松阪市)のあとのルートを記していないので採用できないとするものの、可能性を残している。ちなみに、大和ルートは、そこに関わったとする後裔によって作成されたと、現在では推測されている（広吉：一九六七）。

あるいは、『朝野旧聞裒藁』が推測するように、カモフラージュのため、家康のルート以外を通る部隊を派遣した可能性はあろう。あるいは、噂を流すことはしたのかもしれない。後述するように、家康一行に見立てた石仏を通行させたという伝承が残されているルートがある。

ただし、家康は、河内から山城を経て近江・伊賀を越えて伊勢で乗船したとみて間違いなかろう。最も基本となる『家忠日記』に、家康は伊賀・伊勢路を通ってきたと記されているからである。

六月二日のルート

現在、逃避行のルートは、『石川忠総留書』の記述に拠って考えられている（久保：一九八六、今谷：二〇〇二、藤田：二〇〇五）。

六月二日のルートは、堺→平野《ひらの》→阿倍《あべ》→山のねき→ほたに→尊念寺→草地→宇治田原《うじたわら》で、その行程は十三里とある。

平野は現在の大阪市平野区付近に比定される。阿倍は明確でないものの、大阪市阿倍野区あたりかと推測される。山のねきは未詳である。ほたには大阪府枚方市穂谷に、尊念寺は尊延寺で、枚方市尊延寺付近に比定される。草地は京都府京田辺市草内付近で、木津川《きづがわ》を渡る草内の渡があった。宇治田原は京都府宇治田原町付近だろう。平野から穂谷までのルートは不明瞭である。阿倍と穂谷の間に飯盛山を経ていると考えられ、あるいは守口から飯盛山へ向かったのかもしれない。飯盛山から穂谷のルートも未詳である。飯盛山から東へ向かい、いったん大和へ入り、北上して穂谷に至ったのだろうか。穂谷からは、すぐに北上して尊延寺へ入り、そこからは現在の国道三〇七号線を進んだのではなかろうかと思われる。

宇治田原に到着したのは、「同日八ツ時分」だったという。実は、『石川忠総留書』には「天正十年六月三日　東照権現様泉州堺ヨリ伊賀路御通御帰国之道法之事」として記載されており、三日は単純なミス、と考えられている（今谷：二〇〇二）。堺出発の日としては、単純なミスと捉えられるものの、宇治田原到着の「同日」は三日ではなかろうか。二日八つ時は午後二時頃であり、まだ日が高く、宿泊にはあまりにも早い。三日午前一時頃という夜中に到着したのだろう。夜中の到着であるため、時刻を特に記したと考えられる。

宇治田原では、多羅尾光俊《たらおみつとし》の子山口光広《やまぐちみつひろ》の援助を受け、弁当を提供された。山口光広は、長谷川秀一と旧知の間柄で、長谷川秀一の口利きによるとされている。ここに一泊する。

六月三日のルート

翌三日に宇治田原を発ち、山田《やまだ》へ至った。山田は宇治田原町奥山田に比定される。ここからは「別当」という僧侶が道案内をし、信楽《しがらき》の小川村《おがわむら》へ至ったという。道案内をした「別当」は、延暦寺《えんりゃくじ》の別院だった医王教寺《いおうきょうじ》の僧侶、あるいはそこにあったという山王社の社僧かと思われる。

宇治田原から、山田・朝宮《あさみや》を経て小川村に至ったとある。朝宮と小川は、共に滋賀県甲賀市に属しており、裏白峠《うらじろとうげ》を越える国道三〇七号線のルートを通ったと推測される。裏白峠が山城と近江の分岐点である。

小川では、多羅尾光俊のところへ一宿したという。これは、多羅尾氏の居城である小川城に宿泊したと考えられる。一般に、旅宿には城ではなく寺院を利用することが多い。しかし、この時の状況は、いつ敵が襲ってくるかもわからない臨戦態勢を必要としていた。防御設備の整った城内に宿泊するのが、より安全と判断したのだろう。また小川城は、発掘調査によって、土師器《はじき》や国産陶器、青白磁、染付などの輸入陶器、銅製品などが多数出土している（『図説中世城郭事典 第二巻』小川城の項など）。これは、城内に日頃居住していたことを示している。日常的な居住空間であったならば、宿泊にも適している。多羅尾光俊を信頼したならば、防御性においても居住性においても適した小川城へ宿泊したただろう。小川城は、国道三〇七号線から立石橋の三叉路を国道四二二号線へ入り、八百メートルほど行ったところで県道一三八号線・信楽上野線に入り、約二・五キロ進んだあたりにある。

六月四日のルート

四日の行程を『石川忠総留書』は、「小川ヨリ四日市迄行程十七里」として経路を示している。その経路は、小川→向山《こうやま》→丸柱《まるばしら》→石川《いしかわ》→河合《かわい》→柘植《つげ》→鹿伏兎《かぶと》→関《せき》→亀山《かめやま》→庄野《しょうの》→石薬師《いしやくし》→四日市《よっかいち》→那《な》古《ご》である。向山は滋賀県甲賀市神山に比定され、丸柱は三重県伊賀市丸柱、石川は同市石川、河合は同市川合、柘植は同市柘植町に比定される。鹿伏兎は江戸時代の加太村で、三重県亀山市の加太を冠称する地域に比定される。関は江戸時代の関宿で、亀山市関町中町・関町木崎あたりである。亀山は亀山市の城下だろう。庄野は三重県鈴鹿市庄野町、石薬師は同市石薬師町に比定される。四日市は江戸時代の四日市町で、三重県四日市市の中心街である。那古は後述する。

このルートをたどると、小川城から県道一三八号線を戻って国道四二二号線に出、四二二号線沿いに桜峠を越えて伊賀へ入り、石川を過ぎたあたりで南下し、国道二五号線に出る。国道二五号線に沿って行くと、加太から伊勢に入り、関で国道一号線に突き当たる。その後は国道一号線を行く。『石川忠総留書』も、関からは「海道」（東海道）を通ったと記している。

家康は、那古から船に乗ったという。那古は、三重県鈴鹿市北長太《きたなご》町・南長太町・長太栄町・長太旭町・長太新町に比定される。四日市は長太《なご》の北に位置するので、行程としては、長太を通過して四日市まで行き、長太へ戻ったことになる。

家康は、当初、四日市から乗船するつもりだった

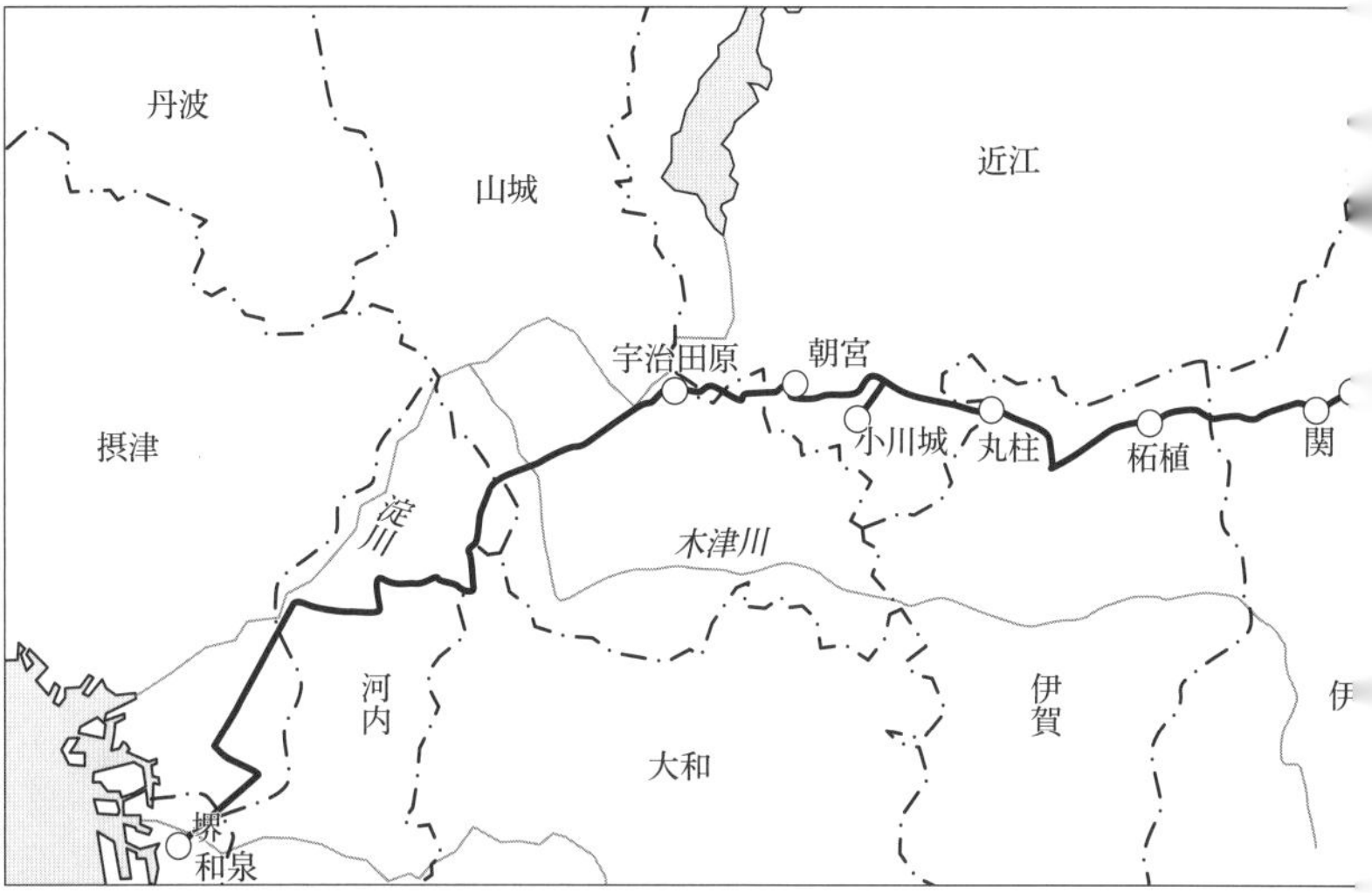

家康逃避行ルート図

のではなかろうか。この頃の四日市は、急速に港町として発達しており、伊勢海沿岸の中心的な港になりつつあった。四日市へ行けば船が調達できると考えたのだろう。ところが、四日市では船を調達できなかった。しかし、水谷光勝《みずたにみつかつ》の奔走によって、長太での乗船が可能になった。

長太からは、三河へ直行したのだろう。大浜《おおはま》へ上陸したと、『家忠日記』に記されている。大浜とは江戸時代の大浜村で、愛知県碧南市築山町ほかに比定される。『家忠日記』を書いた深溝松平家忠は、大浜の町まで迎えに行った。

ルートの異説

ここまで、『石川忠総留書』の記述に拠って、ルートを見てきた。しかし、このルートには異説も存在する。特に、伊賀を通るルートに異説がある。

一つは、『徳川実紀』の説で、小川から多羅尾へ向かい、御斎峠《おとぎとうげ》を越えて丸柱へ至るものである。県道一三八号線をたどるルートである。

ここには家康が休息したとされる多羅尾砦があるものの、遠回りになるうえに、かつての伊賀惣国《そうこく》一揆《いっき》の政庁があった上野《うえの》にわざわざ近づくようなルートは選択しなかったと判断されている。伝承では、ここを家康一行に見立てた石仏（滋賀県甲賀市の浄顕寺《じょうけんじ》に残る十王石仏）を載せた駕籠を通らせたと言われている（藤田：二〇〇五）。

もう一つは『戸田本三河記』の説で、小川から甲賀越えで関へ出るルートである。これについては、山中《やまなか》氏や和田《わだ》氏といった甲賀衆の道案内のもと、北伊賀路よりも安全な甲賀路を疾駆したと推定することもできるとされ、しかも下り坂で距離も北伊賀路とほとんど変わらない。その場合は、山中氏の勢力下の水口《みなくち》方面へ向かい、途中から左折して和田氏の領地を抜ける油日《あぶらひ》越えで柘植に至るルートが想定できる。一点のみながら、和田氏宛ての家康の文書が残存することを考え合わせると、このルートも無視できないとされる。ただし、これだと伊賀まではわずか五キロになってしまうという（藤田：二〇〇五）。

甲賀越えも比定できないとの見解もある（藤田：二〇〇五）ものの、わずか五キロでは、『家忠日記』が伊賀・伊勢路を通ってきたとする記述に齟齬が生じる。やはり、『石川忠総留書』の記述が正しいのだろう。

なお、家康の伊賀越えに関する文書は、ほとんどない。そのうちの一点は、和田八郎定教《さだのり》へ与えた起請文《きしょうもん》である。それによって、家康が和田氏から人質をとっていたことがわかる。柘植に隣接する勢力を持つ和田氏の動きを押さえるためだろう。

もう一点は、甲賀郡中惣の有力メンバーだった山中氏に伝来した古文書群に含まれたもので、家康が安土城の留守居を務めていた蒲生賢秀《がもうかたひで》・氏郷《うじさと》父子へ宛てて、信長一族を庇護していることをねぎらい、光秀打倒を表明したものである。花押はないが、内容的に問題がないことから、控えが伝来したとみられている（藤田：二〇〇五）。

しかし、この書状は六月四日付けである。家康は、伊賀・伊勢を疾駆している最中である。こうした状況で、蒲生の動向を把握し、書状を出せるだろうか。そして、文意が通じ難い箇所があり、家康が出した文書とするには躊躇せざるを得ない。山中家に伝来した背景も明確でない。

ルート上の異説として、乗船・下着の地がある。『石川忠総留書』も、乗船地について、地の文である「乾」には白子か四日市かとしており、ルートをまとめた「坤」の那古とは異なっている。『三河物語』をはじめ、白子とする史書がある。

これについては、山科言継《やましなときつぐ》が長太を利用しており、戦国期には長太が港として機能していたことが確認でき、白子が港として整備されるのは元和五年（一六一九）以降なので、長太が正しいとの見解がある（久保：一九八六、今谷：二〇〇二）。ところが白子は、永禄年間には港として発展していたことが窺える（『角川日本地名大辞典　三重県』）。元和五年は、紀州藩の港としての確立である。発展の初めではない。『石川忠総留書』も、白子か四日市かとしていることからすると、四日市まで行き、船がなかったために南下して、長太に着いたものの、やはり船がなく、白子まで南下して、ようやく乗船したということだろうか。あるいは、いずれもが正しく、分散して乗船したことも考えられよう。

『三河物語』は、下着地について、大野《おおの》（現、愛知県常滑市大野町）としている。しかし、下着地については、『家忠日記』に大浜とあり、『三河物語』は「浜」と「野」を書き間違えた誤記と捉えられる。

行程距離の謎

家康の逃避行は、六月二日から四日までの三日間である。その距離を『石川忠総留書』の記述によって見ると、一日目（二日）十三里、二日目（三日）六里、三日目（四日）十七里である。一日の距離には大きな違いがある。

この差については、二日目に北伊賀の状勢を把握するために慎重を期して、あえて小川に一宿し、三日目は敵対勢力がいないために疾駆したのではないかとの見解が出されている（今谷：二〇〇二）。これを説得的とする意見もある（藤田：二〇〇五）。二日目は、小川で情報収集にあたったとするものである。

ここでは、別の観点から考えてみよう。

一日目は、宇治田原に到着したのが夜中だった。本能寺の変を知って行動を開始してから、十七時間ほどだろうか。二日目は、時刻の記載がないものの、日中のみの行動に限定したのだろう。午前一時頃に到着し、午前四時三十分頃の日の出と共に出発するのは困難である。出発から日の入りまでは十二時間ほどだろう。三日目は、港という目的地まで行くことを目指し、早朝から日没後まで行進した可能性が考えられる。二日目は、情報収集に充てたかもしれないものの、体力回復を図ったとも考えられよう。

もう一つは、天候である。

家康の逃避行中の天候は未詳である。しかし、この時期は太平洋岸に梅雨前線が停滞していた可能性が高い。六月二日の天候は、京都が晴・曇（『言経卿記』）である。この日は、雨が降っていなかったと思われる。六月三日は、京都が晴・曇（『言経卿記』）あるいは雨（『兼見卿記《かねみきょうき》』）で、奈良は大雨（『多聞院日記』）、三河も雨（『家忠日記』）である。この日は雨で、それも本降りだった可能性がある。六月四日は雨の記載がなく、降らなかったと思われる。つまり、六月三日が六里の行程だったのは、雨だったからである。天候にも左右されたのだろう。

「艱難の第一」？

「神君伊賀越え」は、家康の生涯で最も危険だったものと評されている。それは事実だろうか。家康一行は伊賀路を半日以内の行程で、難なく通過したことから、従来言われているほどの困難が伴ったとは思われないとの見解が出されている（藤田：二〇〇五）。

家康一行が三河へ着いたあと、松平家忠は、この方の御人数（味方）が、雑兵共二百余を「うたせ候」という情報を得た。これは、味方衆が道中で二百余を討ち取ったと解釈されることが多い。それに対して、味方の雑兵が二百余戦死したという解釈もある（平山：二〇一五）。

「うたせ」は、「討たせ」あるいは「打たせ」だろう。「討つ」「打つ」の未然形「討た」「打た」に、助動詞「す」の未然形「せ」が付いたものである。助動詞「す」の意味には、「本来受身で表す事態を、受身の被害感覚を避けて使役にする表現。中世の軍記物に多く、負け惜しみの受身などともいう。…に任せる。…れる。」という意味もある（『広辞苑』）。家忠は、負け惜しみの受身で表現したのである。

この事実は、家康一行が、しばしば襲撃を受けていたことを示している。難なく通過したのではなかった。やはり、危機に直面していたと言えよう。

ちなみに家康一行は、雑兵二百余を討たれている。わずか三十四名の随行者という表現は、正確ではないことを示している。『日本耶蘇会年報』が、家康は兵士および金子の準備が十分だといい、『信《しん》長公記《ちょうこうき》』では家康は人数を召し連れていたと記している。いずれも、わずかな供回りではないとしているのである。

家康の随行者は、『石川忠総留書』に名簿があり、そこに三十四名が記されている。それは、酒井《さかい》忠次《ただつぐ》・石川数正《かずまさ》・本多忠勝・榊原康政《さかきばらやすまさ》ら、錚々たるメンバーである。彼らは、単独で家康に従ったわけではなかろう。いずれも供を従えていたはずである。具体的な人数は未詳ながら、わずか三十四名ではないことは確実である。

なお、元禄九年（一六九六）成立の『浄土宗寺院由緒書《じょうどしゅうじいんゆいしょがき》』の小川の妙福寺《みょうふくじ》（廃寺）の項に「天正十年六月此寺ニ権現様御一行宿」とある。これは、家康供奉《ぐぶ》の者が分宿したことを示していよう。小川城に全員が収容できないほどの人数がいた、ということだろうか。

家康は、明智光秀と決戦をできるほどの人数は従えていなかったものの、相応の人数を率いていた。それでも、道中ではしばしば襲撃を受けていた。直接家康が危機に瀕する場はなかったかもしれない。しかし、軍勢としては、常に襲撃を意識しなければならない状況にあったと言えよう。

主要参考文献

今谷 明「家康の伊賀越えについて」（安部龍太郎・立花京子ほか著『真説 本能寺の変』集英社、二〇〇二年）
桐野作人「本能寺の変と家康」（『新・歴史群像シリーズ12 徳川家康――大戦略と激闘の譜』学習研究社、二〇〇八年）
久保文武『伊賀史叢考』（私家版、一九八六年）
平山 優『天正壬午の乱――本能寺の変と東国戦国史』（増補改訂版、戎光祥出版、二〇一五年）
広吉寿彦「本能寺の変と徳川家康――いわゆる『伊賀越』についての異説」（堀井先生定年退官記念会編『奈良文化論叢 奈良地理学会』堀井先生定年退官記念会、一九六七年）
藤田達生「『神君伊賀越え』再考」（『愛知県史研究』九号、二〇〇五年）

第7章　中国大返し再考

渡邊大門

これまでの通説的見解

天正十年（一五八二）六月二日、本能寺の変で織田信長が明智光秀に襲撃されて自害した。信長の死は、その後の日本の歴史を変えたといっても過言ではない。それにも増して驚愕すべきは、変の一報を聞きつけた羽柴（豊臣）秀吉の対応である。

当時、秀吉は備中高松城《たかまつ》（現、岡山市北区）において、毛利方の城将・清水宗治《しみずむねはる》を水攻めにしており、勝利まであと一歩に迫っていた。ところが、秀吉は信長の横死を知るや否や、交渉中だった毛利方との和睦を宗治の切腹を条件として取りまとめた。そして、主君の仇を討つため、急ぎ上洛の途についたのである。これが世に言う「中国大返し」であるが、問題はその尋常ならざるスピードである。

備中高松城から姫路城《ひめじ》（現、兵庫県姫路市）に至る行程は史料によって諸説あるが、小瀬甫庵《おぜほあん》の手になる『甫庵太閤記《ほあんたいこうき》』によると、次のようになる。

①六月六日　備中高松城を引き払い、沼城《ぬま》（現、岡山市東区）に移動。洪水により七日まで逗留。

②六月八日　沼城から姫路城に移動。その日は兵卒の休養にあてる。
③六月九日　未明に姫路を出発。

③以降については問題ないが、①と②は一次史料と大きな齟齬《そご》がある。中でも注目すべきは②の行程で、沼城から姫路城までの距離は、約八十一キロに及ぶ。現代の舗装された道路を利用したとしても、余程の訓練を受けていなければ、一日での走破は困難かと思われる。それを、当時の狭くて舗装されていない道ながらも、たった一日で成し遂げたというのだ。

ほかの二次史料も似たようなもので、信じがたいスピードで備中高松城から姫路城へ移動したことになっており、秀吉の偉大さを顕彰する傾向にある。現代の私たちも、「さすが秀吉！」と何ら疑問を差し挟むことなく信じてきた。ところが、近年になって一次史料による検証が開始され、その誤りが指摘されている。

本章は本能寺の変後の情勢を踏まえつつ、改めて一次史料に基づき、「中国大返し」を検証するものである。

信長横死の一報が届く

信長の伝記『信長公記《しんちょうこうき》』（太田牛一《おおたぎゅういち》著）などにより、本能寺の変当日の状況を再現しよう。六月二日の朝、わずかな手勢で本能寺に滞在した信長は、周囲の騒がしさに思わず目を覚ました。信長の目に飛び込んだのは、いるはずのない光秀の軍勢だった。丹波亀山城《かめやま》（現、京都府亀岡市）にいた光秀軍は京都へと進軍し、鬨《とき》の声を上げて本能寺を取り囲むと、一気に鉄砲を撃ち込み、攻め込んできたのである。信長の兵も応戦するが、所詮は多勢に無勢であり、徐々に敗勢が濃くなった。

信長は獅子奮迅の応戦を試みるが、やがて深手を負い、殿中において自刃した。勢いに乗る光秀は、続いて信長の居城である安土城《あづち》（現、滋賀県近江八幡市）を攻撃し、その財宝を家臣たちに分け与えた。朝廷にも銀子《ぎんす》などを献上し、信長に代わる天下人として、名乗りを上げたのである。しかし、有頂天になった光秀には明確な政権構想がなかった可能性が高く、迷走し続けることになる。

六月三日夜、和睦交渉中の備中高松城を前にして、一人の使者が秀吉のもとに書状を届けた。書状を目にした秀吉の表情は、見る見る青ざめていった。書状には、前日の二日に本能寺で信長が光秀の奇襲を受け、自害したと記されていたのである。さすがの秀吉も信長の死を予期していなかっただけに、激しく動揺したことは想像に難くない。

この時に居合わせた黒田孝高《くろだよしたか》は、秀吉の耳元で天下を獲るチャンスだと囁《ささや》いたという逸話があるが、実際は史実であるとは認めがたい。いずれにしても、ここからの秀吉の行動は迅速だった。光秀打倒を決意した秀吉は、早々に毛利氏との和睦交渉を開始することになる。交渉が長引けば、それだけ光秀に態勢を整える時間を与えてしまうので、スピードが要求された。

しかし、秀吉は有利な状況にあった。事実上、毛利氏は清水宗治への救援が困難だったため、秀吉との和平締結に傾きつつあったからである。

毛利氏との講和の締結

秀吉と交渉のテーブルについたのは、毛利氏の使僧・安国寺恵瓊《あんこくじえけい》だった。三日深夜から四日にかけての時間帯だったと考えられる。恵瓊は天下の情勢を鋭く見抜き、信長の没落と秀吉の躍進を予言した男であり、毛利氏の参謀役を担う僧侶だった。実はこの時、毛利氏サイドは信長の横死を知らずにいた。

秀吉が提示した和睦の条件は、当初毛利氏に割譲を要求していた備中・備後・美作・伯耆・出雲に代えて、備中・美作・伯耆を要求するものだった。領国の割譲については、秀吉も随分と譲歩をしている。秀吉としては急いで上洛するため、早急に和睦を取りまとめる必要性があった。

とにかく秀吉は、思い切った決断を下したのである。加えて、和睦締結には備中高松城主清水宗治の切腹という、もう一つの要求があった。和睦案の提示を受けた恵瓊は、宗治に切腹を受け入れさせた。和睦交渉は秀吉の思惑通りに進んだのであるが、実際に領土割譲問題は棚上げとなり、具体的な交渉はのちに持ち越された。

秀吉は早々に上洛しなければならなかったが、はやる心を抑えていた。和睦決定後、秀吉は早速城中の宗治に対して、最後の酒と肴を贈っている。秀吉は湖上と化した備中高松城に小舟を送り、宗治とその家臣を本陣に招き入れた。共に杯を酌み交わし、舞を舞ったあと、宗治は辞世の句を詠んで自刃したのである（切腹の経緯については諸説あり）。秀吉の心中は、一刻を争うものがあったに違いないが、最後まで名将清水宗治の死を見届けたのである。

撤退の準備を整える

四日の午前十時頃、秀吉は宗治の切腹を確認すると、上洛——光秀討伐——に向けて準備を整えた。秀吉は備中高松城に腹心の杉原家次《すぎはらいえつぐ》を置くと、しばらくして京都に向けて出陣したのである（六日出発という説もあるが、のちほど検討する）。秀吉の採った経路は、備中高松城から野殿《のどの》（現、岡山市北区）を経て、宇喜多《うきた》氏の居城である沼城（現、岡山市東区）へ向かうコースだった。

備中高松城から沼城までは、直線距離にして約二十二キロ。兵は重装備での行軍に加え、籠城戦のあとということもあり、心身の疲労は大きかっただろう。毛利氏が信長の死を知った際、「すぐに秀吉軍を追撃せよ」との声が上がったが、小早川隆景《こばやかわたかかげ》は「和議を破ってはならない」と断念するよう説得を行った逸話が残っている。

和睦後の経過に関しては、一次史料と編纂物との間に大きな齟齬が見られるところである。その謎を次に解き明かすことにしよう。

ここまでの経過をさらりと記したが、備中高松城から沼城を経て姫路城に至る、秀吉の行軍の実態には、多くの謎が潜んでいる。その謎とは、あまりにも早すぎる行軍のスピードにあると言える。その背景には、後世に成立した二次史料などの影響が多々見られるところであり、今一度再検討が必要である。
秀吉の行軍伝説となる一次史料としては、滋賀県立安土城考古博物館所蔵の天正十年（一五八二）十月十八日付け斎藤玄蕃助ほか宛て羽柴秀吉書状写がある。その要点を次に示すことにしよう。

六月七日に二十七里（約八十一キロ）のところを一昼夜かけて、備中高松城から播磨の姫路まで行軍した。

この史料は写であるが、一次史料でもあり、信頼性の高いものとされている。書かれた時期も、本能寺の変からわずか四ヶ月程度しか経っていない。それゆえ、一昼夜で約八十一キロを行軍したということが、事実であると捉えられている。

しかし、この史料の全体が自らの功をアピールするのに主眼が置かれていることもあり、行軍の細かな時間経過については、ほとんど内容に信が置けない。この頃の秀吉の書状は、軍功を強調するあまりに、表現が大袈裟になっていることが多いので注意が必要である。つまり、事実を捻じ曲げてでも、相手に脅威を与えるために誇張したということになろう。一次史料という理由だけで、この書状の中身を信じるのは危険である。

実際の問題として、一昼夜で約八十一キロを駆け抜けるのは可能なのだろうか。疲労困憊状態の秀吉の軍勢が、マラソンランナーよろしく約八十一キロを疾風怒濤のごとく、わずか一昼夜で駆け抜けるのは無理な話であると言わざるを得ない。次に、一次史料に基づいて、行軍の経緯を詳しく検証することにしよう。

備中高松城から沼城へ向かう

実は、六月五日付け中川清秀《なかがわきよひで》宛て秀吉書状（「梅林寺文書」）によって、秀吉が六月五日の時点で備中高松城から野殿（現、岡山市北区）まで退却し、沼城（現、岡山市東区）に向かっていることを確認することができる。備中高松城から野殿までは、直線距離で約八キロである。これなら時間的にも距離的にも問題ない。

野殿において、秀吉は清秀から六月五日に書状を受け取り、右に示した状況を返答しているのである。四日午前に清水宗治が切腹したのち、多少兵を休めて、四日の午後には備中高松城を出発したと考えられる。そして、野殿から沼城へ向かっているのである。この書状の追伸部分には、野殿において清秀からの書状を見たとあり、五日中に沼へ行く予定であると書かれている。

野殿にいたのが四日か五日かは不明であるが、あえて秀吉の書状の追伸部分には「野殿迄打ち入り候の処、御状披見申し候、今日成り次第、沼迄通り申し候」とあり、丁寧に書状を受け取った経過を書いている。書状が五日付けなのに、わざわざ「今日」の予定を書いているところをみると、前日の四日に備中高松城を出発し、その日のうちに野殿で清秀からの書状を受け取ったとは考えられないだろうか。

そして、秀吉は返事を五日に書き、その日の予定を記しているのである。野殿のことを書いているのは、緊急時にもかかわらず、返事が一日遅れてしまったことに対する言い訳のような気がしてならない。いずれにしても、四日の和睦の締結後、速やかに備中高松城を出発したと考えるほうが自然なように思う。

この書状には、もう一つ重要なメッセージが込められている。それは動揺する清秀に対して、信長・信忠《のぶただ》父子が近江国へ逃れ、無事であると嘘の情報を流しているのである。信長が死んだとの情報は、一気に広がったはずである。しかし、秀吉が光秀を討つためには、多くの味方が必要であり、信長の生存は必要な条件だったと考えられる。そこで、あえて嘘をついたのだろう。

秀吉は虚偽の情報を与えることによって、清秀の動揺を鎮めようとした。同様の虚偽の情報は、有力大名に対しても発せられたと考えられる。秀吉は巧みな情報操作によって、ことを有利に運ぼうと画策したのである。

ところで、野殿から沼城までは、直線距離で約十四キロの道のりである。ただ残念なことに、いつ沼城に到着したかはわかっていない。しかし、さほど長い距離ではないので、遅くとも五日の夕方までには沼城に着いたと考えられる。後述する通り、翌六日に秀吉は姫路に到着しており、そんなにのんびりとはしていなかったはずだ。

改めて確認すると、秀吉軍が備中高松城を退去したのは、少なくとも四日の午後から夕方にかけてだったと考えられる。毛利軍はすぐに信長の死を知ったものの、秀吉軍の追撃を諦めた。備中高松城から沼城までは約二十二キロの道のりであるが、兵は装備を身につけており、多くは馬でなく徒歩での行軍だったであろう。

おまけに出発直前までは毛利氏と対峙しており、その肉体的・精神的な疲労はピークに達していたと考えられる。おそらく秀吉の叱咤激励のもと、遅くとも四日の夜には野殿を過ぎたところで野営を行い、五日に沼城へ到着したと推測される。これならば、さほど無理があるとは思えない。

沼城から姫路城へ

秀吉は、いつ沼城を出発したのだろうか。仮に五日の昼過ぎに沼城に到着したとなると、同じ日の夕方には出発が可能である。沼城から姫路城までは、直線距離にして約八十一キロである。六月八日付け松井猪助宛て杉若無心《すぎわかむしん》書状写（『松井家譜《まついかふ》』所収文書）によると、六日に秀吉軍が姫路に到着したのは確かなことである。そうなると、五日に沼城でいったん休息をとり、同日の夕方（あるいは夜）には行軍を再開したと考えられる。

軍勢は秀吉を先頭として先を急ぎ、残りの軍勢は毛利軍を牽制しながら、縦長に行軍した可能性が高い。秀吉を中心とする軍勢だけでも先に姫路に着いたとするならば、無理のない行軍である。全軍が一度に姫路に到着したと考える必要はない。行軍の途中では逐一情報収集を行い、光秀の行動を確認したことだろう。秀吉は打倒光秀を意識しながら、慎重な態度で行軍したのである。

つまり、秀吉は五日の夕方から夜にかけて沼城を出発し、六日の夕方から夜には姫路に到着したと考えられる。先に示した「一昼夜で備中高松城から姫路に着いた」というのは、秀吉による誇張と考えられる。残りの兵卒は、六日夜以降に続々と姫路入りしたのではないか。

多くの兵を率いていたので、海路での行軍は考えにくい。大量の兵卒を輸送すべく、急に十分な数の船を準備できるわけもない。一方、光秀は朝廷に献金をし、また細川幽斎《ほそかわゆうさい》・忠興《ただおき》父子を味方に誘うなど、新体制作りに余念がなかった。しかし、光秀の予想に反して、味方になる大名はいなかったのである。

結局、秀吉は九日まで姫路城に滞在することとなった。同日には、毛利氏に味方していた淡路洲本《すもと》城（現、兵庫県洲本市）の菅平右衛門《かんへいえもん》の討伐に向かおうとしている。案外、秀吉は冷静沈着に状況を見極めたのである。

実際の行程

ほかの一次史料と照らし合わせて検討すれば、秀吉の行軍日程は次のようになる。
①六月四日、備中高松城から野殿（現、岡山市北区）へ到着（「梅林寺文書」）。
②六月五日、沼城（現、岡山市東区）へ到着（「梅林寺文書」）。
③六月六日、姫路城へ到着（『松井家譜』所収文書）。
④六月九日、姫路城を出発。
『黒田家譜《くろだかふ》』は六月六日に備中高松城を発ったというが、もちろん誤りである。五日に沼城に到着

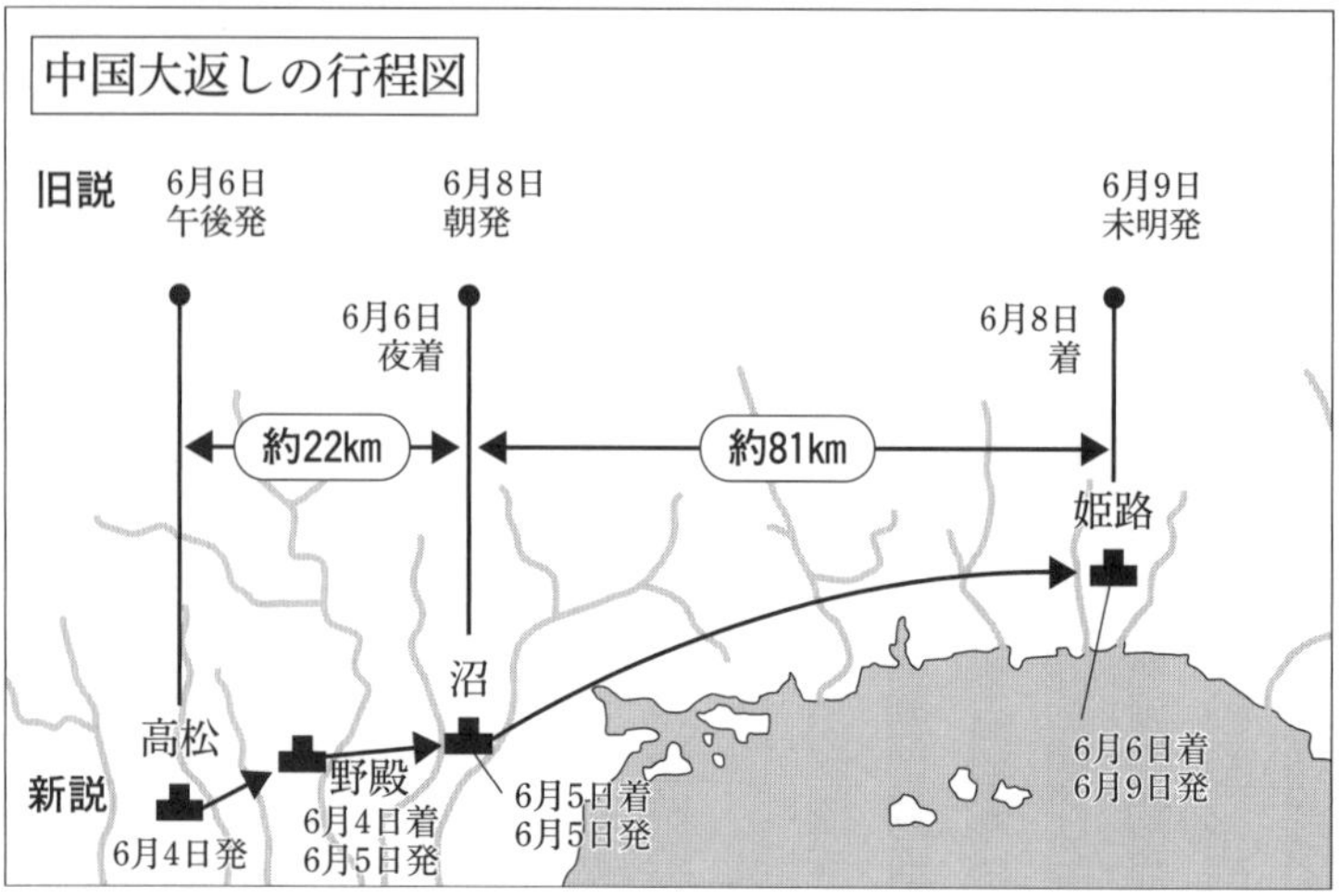

して、翌六日に姫路城に到着するというスケジュールも厳しいが、決して無理ではないと言える。五日の午後に沼城を発ち、六日に秀吉の軍勢の一部が馬などによって早く到着し、残りが同日の夜にかけて少しずつ着いたと考えられる。全体が一度に到着したと考える必要はない。

右の行程によると、姫路での滞在は四日間に及んでいる。この間は、畿内周辺における光秀の情勢の確認と兵卒に休息をとらせることが優先的に行われた。また、後続の足軽たちが続々と到着したことだろう。秀吉が姫路に本拠を構える以前は、黒田官兵衛の膝元だった。土地勘もある場所であり、毛利氏の脅威も遠のいたので、改めて状況分析するには最良の地と言える。

『黒田家譜』には、官兵衛が才覚を働かせて、姫路にあらかじめ人を派遣し、粥《かゆ》の準備をさせたという。秀吉の軍勢が姫路に差し掛かった際、振る舞ったというのである。官兵衛の機転を示す逸話と言えるが、強行日程を考慮すると、先回りして兵粮を準備するなどの余裕があったとは考えにくい。

一方の光秀のほうは、同じ頃に諸勢力を味方に引き入れるため、精力的に調略戦を展開した。むしろ秀吉は、そうした情報をできるだけ収集し、今後のプランを考えていたことだろう。実際に、秀吉は拙速に動くことなく、じっくりと今後の計画を練っていたと考えられる。

姫路城から尼崎へ

秀吉軍が姫路城を発ったのは、九日のことである（「荻野由之氏所蔵文書」など）。姫路城滞在が長くなったのは、毛利氏への警戒と今後の対策を睨んでの情報収集にあった。秀吉軍は、その日の夜のうちに明石《あかし》（現、兵庫県明石市）に到着している。姫路から明石までの直線距離は、約三十四キロである。九日の朝に出発したと考えるのが妥当である。

この間、秀吉は洲本の菅氏による海上からの攻撃を警戒し、攻め滅ぼしたと書状に記している。とにかく、のちの憂いとなる障害は、徹底して取り除いたのだった。しかし実際には、菅氏は攻め滅ぼされていない。あえて虚偽を記したのには、何らかの意図があったと考えられるが、詳しい理由はわからない。やはり、自らの優位を示すため、誇張したものだろうか。

六月十日付けの中川清秀宛て秀吉書状写によると、光秀が京都の久我《くが》付近（現、京都市伏見区）に着陣したと記されている（「中川家文書」）。この情報を受けて、秀吉は摂津国と播磨国の境目に位置する、現在の神戸市灘区の岩屋《いわや》に砦を普請している。さらに秀吉は、光秀が摂津国もしくは河内国に移動するとの情報を得ていた。そのために、防備をしっかりと固める必要があったと考えられる。

秀吉も光秀も、共に配下の者を派遣して、激しい情報戦を繰り広げていたと推測される。光秀が軍勢を率いて摂津国に出陣する可能性がある以上、秀吉はかなり慎重になったに違いない。先述した六月十日付けの秀吉書状写には、十一日に兵庫（現、神戸市兵庫区）または西宮《にしのみや》（現、兵庫県西宮市）あたりまで行軍する予定であると記されている。

明石から兵庫までなら直線距離で約二十三キロであり、明石から西宮までなら同じく約三十二キロほどである。となると、秀吉は播磨国と摂津国あたりで、光秀との交戦を考えていたのかもしれない。

当時、光秀が大坂に滞在中の織田信孝《のぶたか》（信長の三男）を取り囲み、切腹をさせたとの噂が流れていた。しかし、六月十日の段階で実際に光秀がいたのは、現在の京都市伏見区内の下鳥羽《しもとば》だった。一方で、山崎《やまざき》（現、京都府大山崎町）周辺にも兵を着陣させていたことが判明している。お互いの腹を探りながら、一進一退の攻防が繰り広げられていた。秀吉軍は慎重に行軍させながらも、実際には十日の朝に出発し、同日の夕方に兵庫まで進んでいた。

それまで慎重だった秀吉軍は、急ピッチで行軍する。六月十日の夜、兵庫に着陣した秀吉は、翌十一日の朝には尼崎《あまがさき》（現、兵庫県尼崎市）に到着していた（「滋賀県立安土城考古博物館所蔵文書」など）。兵庫から尼崎までは、直線距離で約十九キロある。秀吉の書状には信孝の身上を考えて、昼夜を問わず行軍したとあるが、本当にそこまで信孝のことを思っていたかわからない。この秀吉の書状は、四ヶ月後に書かれたもので、秀吉独特の誇張した表現が見られるからだ。

十日の夜は兵庫で十分に休息し、翌十一日の朝に出発したと考えるのが自然である。十一日の夕方には、尼崎に到着したとみてよい。さすがの秀吉も、光秀との決戦に備えて、兵の疲労を極力抑え、士気を高める努力を払ったに違いない。この間、状況は秀吉有利に傾きつつあった。

というのも、光秀は大和国に使者を送り、筒井《つつい》順慶《じゅんけい》に応援を求めたが、順慶は拒否した。逆に、順慶は秀吉の味方になった。思惑通りの動きに、秀吉は大変喜んだことだろう。したがって、秀吉が兵の疲労を厭《いと》わず、昼夜も関係なく行軍する理由はない。的確に状況判断をしながら行軍することが重要だったのである。

混乱した情報

本能寺の変の翌日、大山崎では早くも光秀から禁制《きんぜい》を獲得しており、軍勢の狼藉や陣取・放火、そして兵粮米を課すことを禁止した（「離宮八幡宮文書」）。大山崎では、光秀の軍勢を恐れていたのである。しかし、秀吉の上洛情報が伝わると共に、大山崎付近は慌しさを見せることになる。

大山崎では、信長の三男信孝を意識せざるを得なかった。そこで、大山崎では信孝からも禁制を獲得し、両勢力による濫妨《らんぼう》・狼藉を逃れようと考えたのである（「離宮八幡宮文書」）。光秀にとっては、意外だったかもしれない。当時、光秀軍・秀吉軍共に睨み合いの状況が続いており、大山崎はどちらが有利なのか判断の下しようがなかった。大山崎にとって苦渋の決断だったと考えられるが、当時、両方から禁制を得ることはよく見られた現象である。

一方、奈良においては、いったん三河国に戻ったはずの徳川家康が、安土城に着陣したとの情報が伝わった。このように、畿内各所の都市では、様々な噂や情報が流れ、混乱していたと考えられる。大山崎が両勢力から禁制を獲得したのは、その対処法の一つだった。同時に光秀が苦境に立たされつつあったのは、確実なところである。

情報が激しく錯綜《さくそう》する中、六月十二日に秀吉軍は尼崎を出発して摂津富田《とんだ》（現、大阪府高槻市）に着陣した（「金井文書」など）。この頃の秀吉は、ことが有利に運んでいただけに、意気揚々としていたことだろう。尼崎から摂津富田までの距離は、約十三キロである。今までの長い距離と比較すると、問題にならないほど短い距離である。

富田で、秀吉は信孝との合流を待つことになる。ここまでの功績は秀吉にあるが、あくまでも総大将は信孝である。では、なぜ摂津富田に集結したのだろうか。

富田付近は小高い丘となっていて、近くには淀川が流れており、水運も発達している。軍事的な拠点としては格好の地だった。また、秀吉に味方した高山右近《たかやまうこん》と中川清秀の居城である高槻《たかつき》城や茨木《いばらき》城とも近く、連携が取りやすいこともある。しかも、摂津富田から大山崎までは約十キロと適度な距離があり、秀吉に有利な条件が揃っていた。絶好の場所だと秀吉は睨んだのである。

秀吉は、前日の軍議で高山右近を先陣に決定しており、早速大山崎へ陣を取るように命じた。右近の着陣は混乱を避けるため、大山崎の西国街道筋の公道に沿って行われたと指摘されている。

光秀の焦り

一方の光秀は、どのような状況にあったのか。細川幽斎・忠興父子、高山右近、筒井順慶からの助力が得られず、対応に苦慮していた。光秀は対朝廷政策に腐心していたため、秀吉軍への対応が遅れたのである。ここに、光秀の状況判断の甘さが見られるだけでなく、その焦りはピークに達したと考えられる。

キリシタン大名である高山右近に対しては、宣教師オルガンティーノを通して味方になるよう説得していた。忠興の妻ガラシャは、光秀の娘でもある。彼らが味方に加わらなかったことは、光秀にとって大きな誤算だった。しかし、悔やんでばかりもいられず、光秀軍も臨戦態勢を整え、秀吉軍と対決することになる。

秀吉が摂津富田に着陣した頃から、すでに光秀軍との前哨戦が始まっていた。光秀が駐留していた勝竜寺城《しょうりゅうじ》(現、京都府長岡京市)付近では、鉄砲を撃ち合っていたことが確認できる。秀吉は、はやる心を抑えられなかったのだろうか。この軍事行動を見る限り、秀吉の遊軍的なものが存在し、背後から光秀を攻撃しようとしたことが窺える。

もともと勝竜寺城は細川幽斎の居城だったが、幽斎が丹後宮津《みやづ》(現、京都府宮津市)へ移封されたあとは、村井貞勝《むらいさだかつ》の与力が守備をしていた。本能寺の変後、光秀はその与力から勝竜寺城を奪ったのである。勝竜寺城は交通の要衝地にあり、現在の京都市内への入口に位置する重要な拠点だった。それゆえ、何としても死守しなくてはならなかったのである。

秀吉に対する光秀も必死だった。山崎の戦いの前日において、両者に鋭い緊張が走ったことは、容易に想像されよう。十二日夜、摂津富田で一夜を過ごした秀吉軍は、十三日の朝に同地を発った。いよいよ決戦の地・山崎へと向かったのである。山崎の戦いでは秀吉が勝利を得ており、光秀はあえなく敗死した。この難局を乗り切った秀吉は、天下人への階段を駆け上がっていくのである。

一次史料と二次史料の信頼性

秀吉に関する二次史料（特に伝記史料）は、『甫庵太閤記』をはじめとし、その生涯を顕彰する傾向にある。それは執筆された意図によるもので、やむを得ないところである。また、そうした逸話が映画やテレビ、小説などで拡散され、広がっていったのも事実である。言うまでもないが、二次史料は一般的に史料性に問題があるので、そのまま信じるわけにはいかない。中国大返しのごとき荒唐無稽な話は、余計に注意しなくてはいけないだろう。

近年、二次史料を活かそうとする傾向が顕著であるが、全体的に史料として使えない編纂物であっても、自身の説に合わせて「この部分は使える」との見解に至っていることも少なくない。恣意的なものを感じるところであり、慎重な態度が望まれるように思う。名家の家譜であるとか、成立年が早いであるとかは、信頼性の尺度にはなり得ない。あくまで執筆された意図などを含めて、総合的に判断されるべきだろう。

一方、一次史料についても、今回の秀吉のようなケースもある。秀吉は相手より優位に立つために、高圧的かつ大袈裟な内容で威圧する傾向がある（むろん味方であっても）。それゆえ、秀吉の書状には誇張や事実を捻じ曲げる傾向が見られる場合がある。したがって、一次史料であっても、記述内容によっては、ほかの史料で裏づけをとる必要があるだろう。

主要参考文献

谷口克広『検証　本能寺の変』（吉川弘文館、二〇〇七年）
藤田達生『謎とき本能寺の変』（講談社現代新書、二〇〇三年）
藤田達生『証言　本能寺の変――史料で読む戦国史①』（八木書店、二〇一〇年）
渡邊大門『秀吉の出自と出世伝説』（洋泉社歴新書y、二〇一三年）
渡邊大門『黒田官兵衛――作られた軍師像』（講談社現代新書、二〇一三年）

特論1

城郭研究を揺るがした「杉山城問題」とは⁉

竹井英文

杉山城とは

東京の池袋《いけぶくろ》から東武東上線《とうぶとうじょう》に乗ること約一時間、埼玉県比企郡嵐山町《ひきらんざん》に、杉山城《すぎやま》という戦国時代の城がある。杉山城は、近隣に所在する小倉城《おぐら》、松山城《まつやま》と共に、すでに国史跡となっていた菅谷館《すがややかた》に加える形で、二〇〇八年に「比企城館跡群」として国の史跡に追加指定されている。国の史跡になるほどなので、文化財としての価値は、極めて高い城であることがわかるだろう。もちろん、今は城跡となっているので、建物は一切なく、あるのは土塁《どるい》や堀のみなのだが、実はこの城、城郭研究者のみならず、一般のお城ファンの間でも昔から大変有名なのである。

なぜ有名なのか。まず、遺構の保存状態が素晴らしいことが挙げられる。戦国時代の城跡は全国各地に残されているが、杉山城ほど綺麗に残されている城は、数少ない。それだけではない。杉山城は、縄張《なわばり》がまた見事なのである。縄張とは、一言でいえば土塁や堀、曲輪《くるわ》（郭＝城内の区画、平場）などで構成される城の平面プランのことである。

杉山城縄張図（『埼玉県指定史跡　杉山城跡第1次・2次発掘調査報告書』嵐山町、2005年より転載）

図をご覧いただきたい。杉山城は、本郭（本丸）を中心に各方向に曲輪が配置され、実に複雑に土塁や堀が設けられている。曲輪の出入り口である虎口《こぐち》も、その多くが真っ直ぐ入れないようになっているし、さらに横矢《よこや》と呼ばれる側面射撃が可能な曲輪の張り出し部が数多く設けられているのもわかるだろう。現地に行くと、その複雑さに圧倒されるばかりであり、とにかく見ていて面白い。このような縄張は、全国的に見てもなかなかないものであり、そのため城郭研究者の間では「中世城郭の教科書」と称されることさえある。

そんな杉山城だが、近年、学界を大きく揺るがす大論争の舞台となった。その大論争は、「杉山城問題」と称されている。いったい「杉山城問題」とは何なのだろうか。なぜ、それほど大きな論争となったのだろうか。その論争を通じて、城郭研究のどのような問題点や課題が見えてきたのだろうか。そして、「杉山城問題」の先には何が待っているのだろうか。以下、説明していこう。

謎の城、杉山城

杉山城は、見事な縄張とは裏腹に、その歴史についてはほとんど何もわからない状態だった。なぜ、わからなかったのだろうか。

城の歴史を研究する際、まずはその城が登場する古文書や古記録などの史料を探すことになるのだが、杉山城が登場する史料は、残念ながら発見されていなかった。史料がないので、いったいいつ頃に築城され、誰がいて、どのような状況の中で使われた城だったのか、当然ながら全くわからないのである。わずかに、江戸時代の地誌などの記述によって、戦国時代に庄《しょう》氏や金子《かねこ》氏という武士の居城だったという伝承が知られるのみだった。伝承はあくまで伝承であり、歴史学研究の根拠として薄弱なのは言うまでもないだろう。

史料がないのであれば、ほかの方法で研究するしかない。思いつく方法としては、考古学的な調査、つまりは発掘調査がある。発掘調査をすれば、出てきた遺構・遺物からいろいろなことがわかる。しかし、杉山城では発掘調査は行われていなかった。そのため、考古学的にもその歴史を明らかにすることはできなかった。杉山城は、謎の城だったのである。

これまでの通説

史料もない、発掘調査もされていない。ではどうするか。ここで登場するのが、城郭研究ならではの方法論、縄張研究である。縄張研究とは、城の縄張を縄張図として図化し、それを史料として主に軍事的に考察する方法論である。

では、縄張研究によって、杉山城はどのような城と評価されたのだろうか。まずは、杉山城の年代である。縄張研究の基本的な考え方に、単純から複雑へ、というものがある。複雑・技巧的な縄張がパターン化する近世城郭を完成形態としたうえで、戦国時代の始まりから近世にかけて単純な縄張から複雑な縄張へと徐々に発展していく、そのように考えられてきた。そのため、杉山城は新しい時代、具体的には戦国時代後半の城であると評価されることになった。

次に問題となるのが、杉山城の築城主体である。いったい、このような城を築いたのは誰なのか。縄張研究のもう一つの基本的な考え方として、複雑・技巧的な縄張を持つ城は、戦国時代後半の戦国大名だからこそ築けたのだ、というものがある。これも、近世城郭を完成形態としたうえでの考え方である。そのため、杉山城ほどの縄張は、この地域を戦国時代後半に支配していた戦国大名北条《ほうじょう》氏が築いたはずだ、と考えられるようになった。

では、仮に杉山城が北条氏によって築かれたとすると、北条氏が築いたほかの城と杉山城の共通点はないのだろうか。そこで引き合いに出されたのが、有力一族である北条氏照《うじてる》の居城滝山城《たきやま》（現、東京都八王子市）である。滝山城は、杉山城と比較すると規模こそ大きく異なるが、縄張に関しては似ている部分が確かに見られるのである。つまり、滝山城と杉山城は似ている部分がある、だから杉山城も北条氏が築いたのだ、と考えたのである。

こうした考察をもとに、より具体的な年代が絞られていった。結果として、杉山城周辺の地域が戦乱状況下にあった天文末・永禄期（一五六〇年頃）と想定されるようになり、以後、通説となっていったのである。

発掘された杉山城

戦国時代の後半、一五六〇年頃の北条氏の城だろうとされてきた杉山城だが、平成十四年（二〇〇二）、ついに発掘調査のメスが入ることになった。この発掘調査の結果が、大論争を巻き起こすことになるとは、当時は誰も想像していなかっただろう。

調査は、本郭において行われた。簡潔にまとめると、以下の通りである。

①本郭において火災の跡が確認され、遺構面は焼けた壁土・焼土・炭化物に覆われており、遺物には被熱したものもあった。

②その後の郭の使用痕跡・生活痕跡はなく、時期差を想定する遺構・遺物は一切検出されなかった。明確な建物跡も確認されず、曲輪の削平も不十分だった。

③本郭は一時期のみであり、火災後にすべての遺構を埋めて片づけ、東虎口の土塁と石積みを崩して廃絶していた。

④出土状況から、遺物と遺構は同時期のものだった。

⑤出土遺物は、瀬戸美濃《せとみの》焼、常滑《とこなめ》焼、舶載陶磁器などの陶磁器類、素焼きの土器である「かわらけ」、その他在地の土器類などだった。中でも「かわらけ」は、戦国前期の関東管領《かんとうかんれい》山内上杉《やまのうちうえすぎ》氏関係遺跡で出土する、いわゆる「山内上杉氏のかわらけ」だった。

⑥遺物の種類および全体の組成から、杉山城の年代観は十五世紀末に近い後半から十六世紀の第Ⅰ

四半期に近い前半となった。

⑦よって北条氏段階の城ではなく、それ以前の扇谷《おうぎがやつ》・山内上杉氏段階の臨時的な城であると考えられる。

⑧鉄砲玉が一点出土しているが、表土直下からの出土であり、遺構との同時性は窺われない。表土直下からは近世の遺物も出土している。

「杉山城問題」の勃発

この発掘調査の結果は、実に衝撃的だった。従来の縄張研究によって考えられてきた年代観と、およそ半世紀も異なる結果となったのだから、当然である。先史時代の話なら、五十年の年代差は大したことないかもしれないが、戦国時代の話で五十年の年代差が出てくるということは、大変な事態である。それだけでなく、築城主体も大きく変化してしまった。北条氏ではなく、その前段階の権力である扇谷上杉氏・山内上杉氏だというのだから、今までの話がすべて音を立てて崩れかねない。

発掘調査は、その後、南二の郭と南三の郭でも行われた。その結果は、以前の調査成果を覆すものではなく、むしろ補強するものだった。こうして、考古学的には評価は定まったのである。

この調査成果に対して、縄張研究側も黙っていなかった。あれだけの城が戦国時代前半に、しかも北条氏以外の権力によって築かれることは考えられない、遺物と遺構の年代にはズレがあるのではないか、そのような批判がすぐに出た。しかし、考古学側も譲らない。発掘調査で得られたデータに基づく限り、北条氏の時代とは考えられない、縄張研究の方法論自体に問題があるのではないかとした。こうして、城郭の年代・築城主体という、城郭研究にとって根本的な問題をめぐって激論が交わされるようになった。そして、この論争は、平成十七年（二〇〇五）頃から「杉山城問題」と呼ばれるようになっていったのである。

「椙山之陣」

縄張研究と考古学との間で激論が交わされる中、運命とも言うべきか、これまで存在しないとされてきた杉山城関係と思われる史料が、奇跡的に見出された。古河公方足利高基《こがくぼうあしかがたかもと》の書状の写しである。九月五日付けで、毛呂土佐守《もろとさのかみ》なる人物に宛てている。足利高基は古河公方の三代目であり、毛呂土佐守は武蔵国毛呂郷（現、埼玉県毛呂山町）を本拠とする領主である。文中に「憲房」なる人物も登場するが、これは古河公方の補佐役である関東管領山内上杉家の上杉憲房《のりふさ》を指す。

その内容は、足利高基が毛呂土佐守に対して、「椙山《すぎやま》之陣」以来、上杉憲房を守って活躍していることを褒め称えている、というものである。この文書の年代は不明だが、登場人物の生歿年や、高基と憲房が連携している様子から、永正九年（一五一二）から大永三年（一五二三）に比定されることは間違いない。

注目すべきは、「椙山之陣」という言葉である。「椙山」とは、高基・憲房・毛呂土佐守の三人の地理的位置関係を考えると、杉山城が所在する埼玉県嵐山町杉山のことを指すと考えるのが最も自然である。では、「陣」とは何か。

「陣」というと、「大坂夏の陣」のように戦い・合戦を意味する場合と、軍勢の宿営地・陣所という意味の場合がある。「椙山之陣」がどちらを意味するのかというと、後者である。古河公方関係文書、あるいは戦国前期の東国の史料には大量に「陣」が登場するが、そこでいう「陣」とは、合戦ではなく、あくまで軍勢が駐屯する空間、軍勢を率いる大将の「陣」を意味することが圧倒的に多い。

しかも、この文書の内容は、大将の「陣」に馳せ参じ、それ以来軍忠《ぐんちゅう》を尽くしたことを賞するという、軍忠状や着到状《ちゃくとうじょう》といった中世の軍事関係文書に一般的に見られるものとなっている。大将のどこの「陣」にいつ馳せ参じたのかが、中世の武士にとって重要な戦功の一つだったことは、中世史研究においては広く知られている。

これらを前提に、改めてこの文書を解釈すると、「椙山」に上杉憲房が「陣」を構えて在陣しているところへ毛呂土佐守が馳せ参じ、以後現在に至るまで憲房を守り、活躍し続けていることを高基が褒め称えている、ということになる。あくまで「陣」なので、その臨時的な性格は言うまでもないだろう。

以上の常識的な史料解釈から得られる情報は、年代、築城主体、さらには城の性格に至るまで、発掘調査の成果と見事に合致することがわかるだろう。よって、「椙山之陣」＝杉山城であり、永正・

大永期（一五二〇年頃）の山内上杉氏関係の臨時的な城である可能性が高くなったのである。

杉山長尾氏

見出された史料は、これだけにとどまらなかった。江戸時代に作成されたものだが、山内上杉氏の家宰《かさい》（家老）である長尾《ながお》氏関係の系図に、「杉山長尾」と記されたものが見つかったのである。詳細は省くが、そうなると長尾氏の一族として杉山長尾氏が存在し、その居城が杉山城だった可能性が出てくる。ただし、あくまで系図なので、先ほどの文書よりも信憑性が低いと言わざるを得ず、杉山長尾氏の存在は今後の検討課題である。しかし、戦国前期で山内上杉氏関係、という点で共通していることは興味深い。

いずれにせよ、こうして「杉山城問題」は新たなステージに移った。考古学・文献史学と縄張研究との対立という構図に変化したのである。

四つの杉山城

こうした文献史学側からの見解に対しても、縄張研究側からの批判が相次いだ。「椙山」は嵐山町杉山とは別の場所の可能性がある、「陣」は合戦を意味するはずで単純な誤読だ、「椙山之陣」は杉山の地に違いないが、杉山城と直接は結びつけられないなど、論者によって様々である。また、考古学に対する批判も過熱していく。鉄砲玉が出土していることを事実上無視している、出土した瀬戸美濃産の陶磁器の年代観はあてにならない、文献史学や考古学のほうが間違っている「逆杉山城問題」と言える事例も多い、縄張研究に何ら問題はない、などという主張が一部でなされている。

そのような批判を展開する一方で、縄張研究側から新説が提示されるようになっていった。一つは、杉山城＝織豊系城郭説である。そこでは、杉山城の考古学・文献史学的な見解を認めつつも、縄張研究の立場からは戦国前期とは認めがたいとしたうえで、北条氏など関東地方の戦国大名の城ではなく、賤ヶ岳《しずがたけ》の戦い時に使用された越前玄蕃尾城《げんばお》（現、福井県敦賀市・滋賀県長浜市）など、むしろ織豊系城郭の陣城と類似性があるとする。そのため、天正十八年（一五九〇）の小田原攻めの際に、杉山城近辺を通過していた前田利家《まえだとしいえ》軍や上杉景勝《かげかつ》軍が築城したのではないか、というのである。

もう一つは、杉山城＝天正末期の北条氏系城郭説である。従来の縄張研究で、杉山城の年代が天文・永禄年間に比定されていたことは先述した通りだが、その年代をさらに新しく設定した説である。杉山城の縄張は、馬出《うまだし》の連鎖に特徴があり、そのような城を築けるのは北条氏しかあり得ないとする。そのうえで、これだけの縄張は、従来のように天文・永禄年間とするよりももっとあとの時代、天正末期（一五八〇年代）とするのが妥当である、というのである。

ここに、杉山城という一つの城をめぐって、四つの歴史像が提示されるに至った。通説である天文・永禄期の北条氏の城説、永正・大永期の山内上杉氏の城説、天正十八年の織豊系城郭説、そして天正末期の北条氏の城説、である。混迷を深める城郭研究の現状がわかるだろう。

縄張研究の問題点①

ただ、縄張研究側から提示された説には、大きな問題が隠されている。そもそも、考古学・文献史学の研究成果を棚上げ・無視している点ですでに問題があるのだが、中には考古学・文献史学の研究成果を一切認めないとする論者もいるので、その点は論じても徒労に終わるだけである。

むしろ、ここでは縄張研究そのものに内在する問題を考えたほうがよいだろう。それは、複雑・技巧的な縄張は戦国前期以前には見られない、そのような城は北条氏や織豊政権にしか築けない、縄張が似ていれば同じ築城主体・年代である、という考え方そのものである。実は、このこと自体、学問的にきちんと証明されているのかというと、そうでもないのである。

従来の縄張研究では、縄張の単純から複雑へ、という考え方に基づく縄張編年を盛んに議論していた。確かに、複雑・技巧的な縄張が戦国後期以降の城によく見られるようになるのは事実である。だからといって、戦国前期以前に全くなかったのかと言えば、いまだに検証されていない。単純から複雑へ、という全体的な流れ・考え方に基づいて判断しているだけで、十分な証明はされていないのである。

縄張研究の問題点②

こうした縄張編年と密接に関わる形で展開されていたのが、戦国大名系城郭論である。これは、複雑・技巧的な縄張は戦国大名によるものであり、特定の大名が特定の縄張技術をもって発展させ、領国内の城にその技術を施していったとする議論である。北条氏は角馬出《かくうまだし》を用いて武田氏は丸《まる》馬出を用いた、というような議論は、その典型例である。

しかし、なぜその縄張技術が特定の戦国大名と結びつくのか、という点で議論に飛躍が生じていることが指摘されるようになってきている。実際には、縄張技術は大名領国を越えて使用されているし、そもそも縄張の年代がはっきりしないものが圧倒的に多いのである。縄張が似ている、似ていないという話も、抱えている問題は同じで、根拠がはっきりしているかというと、そうでもないのが実情なのである。

「杉山城問題」が教えてくれたもの

これらは、一つの考え方としては十分成り立つし、そのような考え方でうまく説明できることも多い。実際、そのような考え方を前提にして研究は発展し、大きな成果を挙げてきた。だからといって、それですべて説明できるかというと、どうやらそうではないのではないか、縄張に対する別の見方・

考え方があるのではないか、ということを「杉山城問題」は教えてくれたのである。

考古学・文献史学と縄張研究とのズレ、縄張研究に内在する問題は、実は以前からしばしば指摘されていた。戦国前期以前の城にも、部分的にではあるが複雑・技巧的な縄張を持つ城が各地の発掘調査で確認されていたし、考古学側から縄張研究の方法論に対する批判もされていた。そのため、全く目新しい問題ではなかったが、これまで正面から取り組まれることも、また少なかった。それが、「中世城郭の教科書」とまで称された杉山城において決定的なズレが生じたことにより、真正面から取り組むべき課題としていよいよ前面に出てきたのである。

考古学・文献史学の課題

「杉山城問題」では、主に縄張研究側に批判が集中したが、考古学・文献史学にとっても様々な課題を提示してくれた。そのうちのいくつかを示そう。

まずは、考古学の課題である。杉山城の場合は、遺物と遺構の同時性が確認され、様々な種類の遺物全体の組み合わせから年代決定している。そのため、今後大きくズレる可能性は低く、精度の高い調査成果だったと言える。

しかし、各地で行われている発掘調査の精度が、みな高いわけではない。遺物が出てこなかったり、出てきたとしても少量だったり、遺構と遺物との関係が不明瞭だったり、いろいろな問題がある。少量の特定の遺物のみで年代決定をしてしまう場合も見られるし、個々の遺跡・遺物が持つ特性が十分考慮されないまま評価されてしまうこともある。遺物の中には、十分な編年研究が行われていないものもある。発掘調査も万能ではない。そのため、調査精度を高めつつ慎重に年代決定をしていくことが、より一層求められるようになったと言える。

次に、文献史学の課題である。当たり前ではあるが、ある城が史料に登場したからといって、その内容が現存する城跡の遺構と直接結びつくかというと、そうではない。史料は偶然残るものである。そのため、史料はある一時点の確かな情報を与えてはくれるが、遺構はあくまで廃城直前のものなので、そこにズレが生じる場合が多いのである。今回の「梠山之陣」の史料も、それのみだったとしたら根拠として弱い。考古学的な成果と合致したからこそ、より精度の高い情報となったのである。史料と遺構との関係をどう考えるのかという重要な問題を、改めて考えなくてはならなくなったと言える。

「杉山城問題」のその先

「杉山城問題」を受けて、今後の城郭研究はどうしていくべきなのだろうか。

まずは、戦国前期以前の城の実像を解明することである。この時期の研究は非常に少ない。なぜなら、先述したように、現存遺構は最終年代との考え方から、ほとんどの城は戦国後期のものと漠然と考えられてきたからである。本当に複雑・技巧的な縄張を持つ城は、戦国前期以前には存在しなかったのか。戦国前期以前の権力は、どのような城を築いていたのか。まだまだ不明なことがたくさんあるのである。

これを解決していくためには、文献史料の丹念な読み込みはもちろんのこと、何よりも考古学の力が必要である。現状では、その城が戦国前期以前の城なのかどうかを判断できる方法論は、考古学しかないからである。これまでの調査事例の見直しと共に、今後の発掘調査事例の積み重ねが期待される。

次に、縄張研究の方法論の再構築である。縄張のみで年代や築城主体を比定することには、限界があることが明らかになった。それを正面から受け止めたうえで、縄張研究とは何がどこまでできる方法論なのか、改めて考え直すことが必要である。そうした動きは徐々に出始めており、これもまた今後の議論に期待するところ大である。

そして、複数の方法論を組み合わせた学際的な研究の実施である。これ自体は、以前から行われていたことであり、何をいまさらと思われるかもしれない。しかし、「杉山城問題」は、学際的な研究は一筋縄ではいかないことを明らかにしてくれた。縄張研究をはじめ、各方法論の利点と限界点を改めて確認し、それぞれの方法論で何がどこまで明らかにできるのかを見極め、それらを駆使して一つの歴史像へと結実させることが、今後求められるのである。

そのためには、何か一つの方法論のみにこだわり、ほかの方法論を排他的に扱うのではなく、様々な方法論を学び、柔軟に物事を考えていくことが何よりも必要なのではなかろうか。

主要参考文献

埼玉県立歴史資料館編『戦国の城』（高志書院、二〇〇五年）
齋藤慎一『中世東国の道と城館』（東京大学出版会、二〇一〇年）
竹井英文「戦国前期東国の戦争と城郭——『杉山城問題』に寄せて」（黒田基樹編『山内上杉氏』戎光祥出版、二〇一四年。初出二〇〇七年）
竹井英文「その後の『杉山城問題』——諸説に接して」（『千葉史学』六〇号、二〇一二年）
竹井英文「城郭研究の現在」（『歴史評論』七八七号、二〇一五年）
中井　均・齋藤慎一『歴史家の城歩き』（高志書院、二〇一六年）
松岡　進『中世城郭の縄張と空間——土の城が語るもの』（吉川弘文館、二〇一五年）
峰岸純夫・萩原三雄編『戦国時代の城——遺跡の年代を考える』（高志書院、二〇〇九年）

第8章 老いた秀吉の誇大妄想が、朝鮮出兵を引き起こしたのか

佐島顕子

晩節を汚した経歴

「努力で才智を磨けば天下人にもなれる」という立身出世論を称揚した明治維新から昭和期まで、豊臣秀吉はその成功例として人気抜群だった。朝鮮出兵も「豊太閤の海外雄飛」ともてはやされた。ところが戦後は、「晩節を汚す不都合な経歴」になってしまい、子ども向け偉人伝や大河ドラマでも、ここは声が小さくなってしまう。

現代では、時代の閉塞感を突き破る期待が重なるのか、織田信長が文句なしのスターである。秀吉の人気が落ちた以上遠慮は無用、悪いことは秀吉一人にかぶせれば済む。かくて、この時期を扱った大河ドラマでは「権力を握って老いた秀吉様は人が変わってしまわれた」という台詞が必ずつぶやかれる。

すなわち、南蛮《なんばん》・天竺《てんじく》までをも奪う誇大妄想に憑《と》りつかれた秀吉は、天正二十年（一五九二）に朝鮮出兵を決行したが、明軍とも衝突して苦戦する。明皇帝が秀吉に送った国書の「汝《なんじ》を日本国王とす

る」という文言を西笑承兌《さいしょうしょうたい》が読み上げたことから小西行長《こにしゆきなが》の欺瞞《ぎまん》外交が露呈し、講和は決裂。再出兵するも、慶長三年（一五九八）八月の秀吉の死によって戦争はやっと終わった、ということにされがちである。

秀吉は日本国王冊封を受け入れていた

秀吉の出兵の理由は従来、①「佳名を三国に表す」名誉欲、②「唐・南蛮・天竺まで」を征服する領土欲、③「勘合復活」という貿易欲との三大論争があった。しかし秀吉本人が繰り返し語った①②は「理由」になるだろうか。たとえば「木下藤吉郎は名誉欲や領土欲から日本統一した」と言い換えると何か不自然に聞こえる。政治家秀吉は自己の基盤を維持するため、その時々に必要な手を打ったにすぎない。残る③も秀吉の政策の一つに過ぎない。多くの立場の人々が関わった三国間戦争の「理由」は簡単には絞れないであろう。

また、講和破綻の理由にしても、秀吉が日本国王にされたこと（冊封《さくふう》）に怒った件は、林羅山《はやしらざん》『豊臣秀吉譜』の創作だというのが、現在では定説である。それを、幕末から明治期にかけて広く読まれた頼山陽《らいさんよう》『日本外史《にほんがいし》』が「秀吉は国書を引き裂いた」とまで誇張した。

もし、国書文言に立腹して明と絶縁したのなら、いくら明使が「秀吉の返書（謝恩表）がないと帰国復命できない」と懇請したところで、寺沢《てらざわ》正成が五山僧と相談して国書を作成し、「豊臣」印も捺して渡すことはなかっただろう（米谷：二〇一四）。

「あの秀吉が冊封を受け入れるはずがない」。それは、いまだに頼山陽の影響から抜けられない現代人の思い込みに過ぎず、当時の人々は小西外交によって秀吉が日本国王になるのを知っていたことが研究されている。しかも小西行長は、文禄三年（一五九四）、秀吉嫡子を「日本国王世子」とし、関白秀次《ひでつぐ》をその下に置く要望書を明に提出していた（宋応昌『経略復国要編』）。行長は「関白が秀次なのは動かせなくても、国際的に通用する日本国王は秀頼が継ぐ」という構想を秀吉に提案していたのである（米谷：二〇一四）。このような研究を受けて、最近では、秀吉は明衰退期の中華世界の秩序再編を企てていた、耄碌《もうろく》したどころか、この時期にこそ秀吉政権の本質が現れるという議論が活発である（堀：二〇一一、津野：二〇一四、跡部：二〇一六、米谷：二〇一六）。

海賊停止令——貿易権を秀吉一人に集中させるためには

平安時代の菅原道真《すがわらのみちざね》の進言による「遣唐使の廃止」、江戸時代の「鎖国」が必ず日本史のテストで出題されるせいか、日本列島に多くの外国人が暮らして「唐人町」を形成していたことは忘れられがちである。アジアの地図を見ると、マラッカなどインドシナ半島（当時の天竺）や福建・浙江などを出帆した「唐船」が日本を目指した場合、九州西岸部、つまり薩摩・肥後・天草・島原・長崎・平戸・五島のどこかに着くことがうなずける。

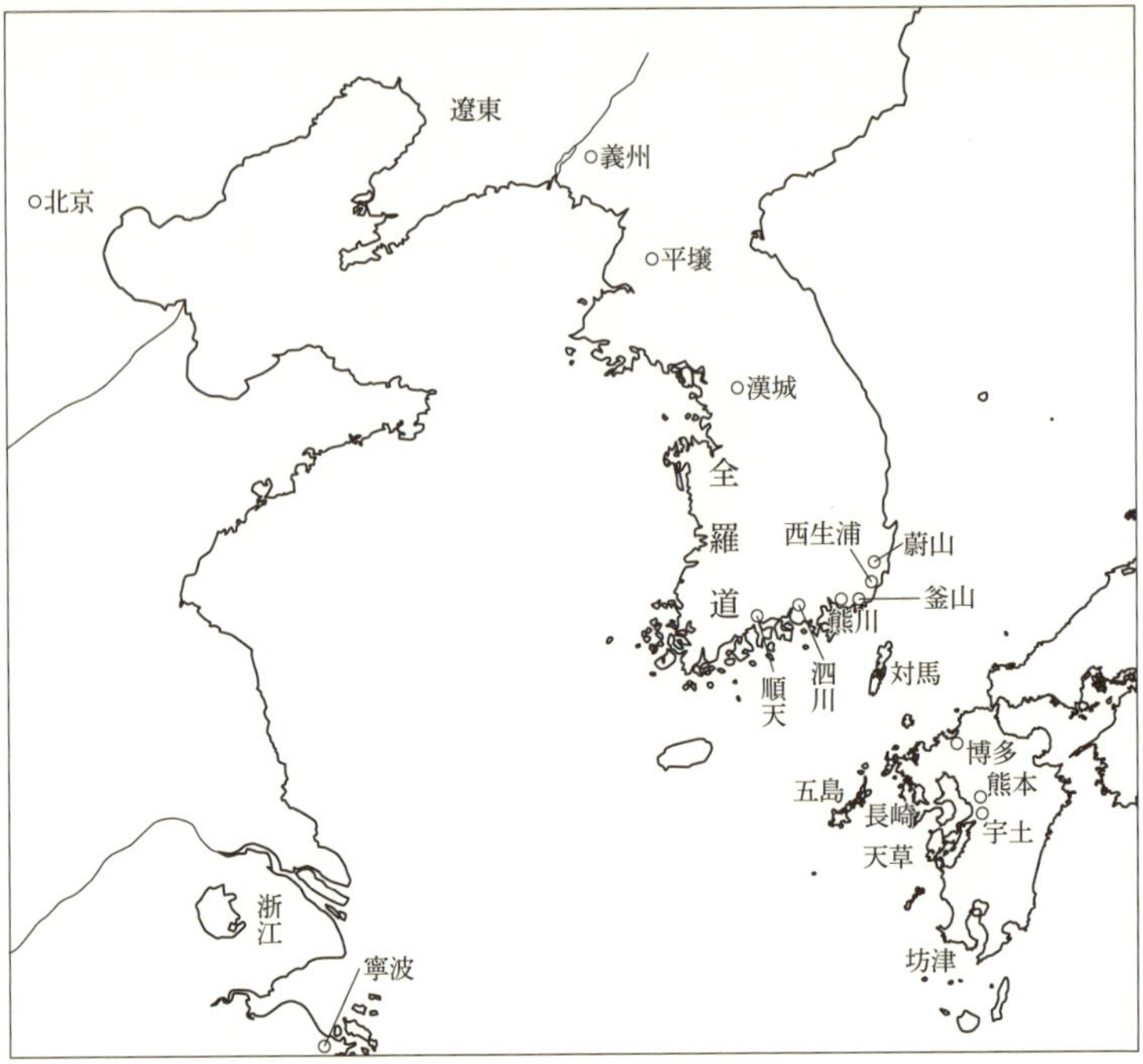

天正十五年（一五八七）に九州の陸地を版図に入れた秀吉にとって、この状態は気に入るだろうか。いくら検地や刀狩りをしても、貿易で小遣い稼ぎをしている限り、西国大名は秀吉に完全服従はしない。海民たちも都合が悪くなれば海の彼方に逃げ、秀吉の御威光にひれ伏さずとも、海を漕ぎ回って自活している。

秀吉は貿易仲介と政治介入もする伴《ば》天連《てれん》に国外退去を命じ、海民の私掠を禁じる海賊停止令を発した。

日本に運ばれる生糸《きいと》（絹糸）は莫大な利益を生んだ。秀吉だけが生糸を買える。それができて初めて、秀吉は日本列島を完全に掌握したことになる。

だがいくら秀吉が一方的に望んでも、

生糸を積んだ唐船やポルトガル船は、どこでも勝手に入港して誰とでも取り引きする。

そのポルトガルは、大明国を征服せずともマカオを入手して貿易拠点としている。それで秀吉も、キリシタン国の拠点を含む唐船出港地域一帯を「大唐」と呼び、その中心地・寧波《ニンポー》に渡って、自ら環シナ海を監督しようと構想したという研究がある（武田：二〇一〇）。すなわち秀吉は、「唐人」やポルトガル商人をその出発地域から監視・統制しようとした、と見るのが最近の研究傾向である。

ちなみに秀吉は、南蛮国の国家侵略から日本を防衛したという説も近年見られるが、それが物理的に不可能なことはスペインも秀吉も熟知していた。一部の宣教師が日本征服を熱心に訴えたところで、マドリードの宮廷政治は宗教家の発言で動くものではない。

明への朝貢という発想

従来の研究では、対馬《つしま》島主の宗《そう》氏が天正十五年（一五八七）に秀吉から朝鮮侵入を命じられると、日朝の板挟みでひたすら苦悩した結果、小西行長と協力して朝鮮国王使を服属使節だと秀吉を偽る外交交渉に追い込まれたと考えられている。

だがそれは事実だろうか。文禄の役以前の対馬の対朝鮮外交をさかのぼって見ると、多少様子が違う。

天文二十二年（一五五三）に家督を継いだ対馬島主の宗義調《よししげ》は、博多の豪商島井《しまい》宗室《そうしつ》と連携し、倭《わ》寇《こう》討伐協力で朝鮮との関係を厚くし、三浦の乱（永正七年〈一五一〇〉）で激減した貿易量を徐々に回復していた。だが天正年間になると、通航枠は頭打ちとなり、対馬は中国貿易や南蛮貿易からも置いて行かれていた現実を、米谷均氏は指摘する（米谷：二〇一四）。

その打開策として、天正八年（一五八〇）に宗義調は博多聖福寺《しょうふくじ》の僧景轍玄蘇《けいてつげんそ》を「日本国王使」と詐称して朝鮮に派遣し、明への朝貢の斡旋を執拗に求めた（『宣祖実録』）。すなわち、対馬の船が「日本国王使船」を名乗って日明交易する新ルート開拓に挑んだのである。ただし、自力で明には接触できず、朝鮮の口利きに頼ったのである。これは朝鮮からきっぱり拒絶され、対馬は引き下がった。

明侵入か対明貿易か

それが天正十五年（一五八七）、「日本の新国王」秀吉が宗氏に対朝鮮外交を命じた。これはもう「偽使」ではない、日本国王使船を堂々と自称できる。

宗氏は天正十七年（一五八九）の「日本国王使臣団」に、博多の島井宗室を参加させた。現代風に言えば、閣僚訪問に経団連が随行して、ビジネスチャンスを狙うようなものである。

この使節団が、朝鮮宮廷から新国王秀吉への友好使節（通信使）派遣を引き出したのである。「朝鮮臣従の証しとして使節が来日する」という小西らの報告を信じた秀吉は、朝鮮に明侵入の同行を命じる国書を発した。

天正十九年（一五九一）、秀吉の国書を朝鮮に届けた玄蘇は、朝鮮臣僚に「秀吉の真意は明への朝貢である」と耳打ちした（『宣祖実録』）。秀吉の国書には明侵入と書いてあるにもかかわらず、玄蘇は七年前の対馬の要求をここに持ち込んだのである。日本国王使の資格に便乗した玄蘇は、さらに、三浦の乱で入港が禁止された塩浦《ヨムポ》（現、蔚山広域市《ウルサン》）と薺浦《チエポ》（現、鎮海市《チネ》）の再開港まで求めた。

朝鮮の重臣黄廷彧《ファンジョンウク》は、国書に記載された明への侵入協力を断固拒絶したが、「明への朝貢斡旋」と「塩浦・薺浦の再開港」という国書に書かれていない要求について言及してよいかためらいつつ、すべて断る返書を起草した（『宣祖修正実録』。黄廷彧「芝川集」）。もちろん、この国書は対馬で止められ、秀吉には届かなかった。

対馬の利益と秀吉の政策

しかし、対馬は「朝鮮による明への朝貢斡旋」要求を忘れなかった。

明征服を標榜して戦役を指揮していたはずの秀吉が、文禄二年（一五九三）六月に明へ提示した講和七条件には、「勘合の復活」という文言を出す。明征服構想から朝貢へ？　あまりの構想縮小ぶりに、従来の研究ではその意味についての定説がなかった。

だが、もし秀吉の目的が大明帝国征服と皇位簒奪ではなく、対明貿易独占とキリシタン国の出港地マカオを含めた明の沿岸地域統制に焦点があったとすれば筋が通る（武田：二〇一〇）。講和実務者の宗と小西が、「勘合」という単語で秀吉の意図を具体化したのだろう。米谷氏は、倭寇を禁絶してアジアの海を静謐にできる秀吉新政権の登場は、本来なら明の利害とも一致するはずだったと見る。

そもそも明が諸外国に許す貿易形態は、各国国王からの朝貢しかなく、「勘合」とはその証明書照合のことである。すなわち、国王でない者は取引から閉め出される。それで当時は「貢ぎ」の本来の意味は忘れられ、朝貢とは単なる対明貿易利権としか思われていなかった（金《キム》：二〇〇八）。

とすれば、秀吉が強圧的な外交要求を打ち出し、小西ら実務グループがその弥縫策に奔走したというこれまでの定説は、修正の必要があるだろう。

対馬の欲求に秀吉の戦略が合流した、あるいは対馬が秀吉の戦略を利用したとも言えるだろう。秀吉が地域勢力を政権に組み込み、秀吉の意図を実現するよう強制したというより、むしろ地域勢力が中央政権を後ろ盾として利用し、したたかに地域利益への誘導を試みた可能性がある。

その意味で文禄の役中、加藤清正《かとうきよまさ》が塩浦（蔚山）近郊の西生浦《ソセンポ》に、小西行長が薺浦（熊川《ウンチョン》）に駐留し、それぞれ日本と船を往来させたことは示唆的である。

明との戦争を宣言した理由

秀吉は、日本列島統一時には各地の大名へ傘下に降るよう声をかけ、服従しない場合に秀吉麾下の大名連合軍に襲わせて降伏を勝ち取った。だから朝鮮国に対しても、戦争をちらつかせながらも、まずは対馬宗氏を仲介役として秀吉への臣従を誘った。

ところが明に対しては、いきなり朝鮮軍と合同で攻め込むという無茶ぶりを企画した。これはなぜか？

天正十七年（一五八九）、秀吉は小西行長を通じて平戸《ひらど》領主の松浦鎮信《まつらしげのぶ》宛てに、「自分が海上まで静謐にしたので、明が秀吉に進物船を送った。ところが、その進物船が平戸の商人兼海賊の唐人、てつくわいに襲われた。そやつを捕縛せよ」という命令を発した（「平戸松浦家資料」）。

明が秀吉に朝貢船を発するなど、あり得ない話である。ここにも小西が介在している点が気になるが、明との公貿易再開を命じられた者が対処に困って、平戸在住の唐人に海賊行為の濡れ衣を着せたと見るべきであろう。

誰を通せば明の皇帝に国書が届くのか、秀吉新政権は「正しいルート」を持ち合わせなかったのである。

新しく臣従したはずの朝鮮に「一緒に明に攻め込め」と命じれば、対馬宗氏のように仲介役を買って出るかと思ったが、そういう回答も来ない。秀吉政権は、明に対しては手詰まりだったのである。

戦争はピンポンダッシュ

ならば一度明を討ってみるべし。隣家の呼び鈴を鳴らして逃げ、家人が顔を出すのを待つ子どもの悪戯のように、怒って反撃に現れた人物こそ明皇帝に繋がるルートである。戦争とは、外交過程における一つの手段である。戦闘行為によって双方の力関係を変化させ、相手を交渉のテーブルにつかせて利権を獲得してこそ目的達成である。結果に結びつかない個々の戦闘の勝敗などは意味がない。

ここで選ばれたのが、九州西岸の中央部、すなわち有明海《ありあけかい》要衝を支配する小西行長と加藤清正である。彼らを先頭に西国勢を渡海させて北京《ペキン》に乗り込み、明政府と談判する。それが目的の第一だった。

小西は天正二十年（一五九二）三月まで、「朝鮮国王の臣従」を本当のことにするための威嚇交渉を対馬で行っていたが、回答はない。それで小西は四月に朝鮮へ上陸し、地方軍と戦いながら軍事力を背景に交渉を継続したが、国王は臣従も明侵入協力も拒否する。対朝鮮交渉に行き詰まった平壌《ピョンヤン》の小西軍は八月、明皇帝が派遣した祖承訓《ツーチャンスン》の騎兵に急襲されるも撃退した。騎兵隊は広々とした平原での機動力が強みなので、狭い市街戦には向いていなかったのである。この明軍来襲は、小西にとって喜ぶべき事件だった。敵の出現とは、別の言い方をすれば交渉相手の到来なのである。

明軍将官の立場

小西は天正二十（一五九二）九月、明軍の使者沈惟敬《シェンウェイジン》が皇帝の回答をもたらすまで五十日の休戦を約束したが、小西は平壌―北京の往復がその日数で足りるかどうかを怪しんでいた（『宣祖実録』）。沈惟敬としては、皇帝の大軍が各地から朝鮮国境に集合して一斉攻撃をかけるまでの日数稼ぎのつもりしかなく、何の講和活動もしなかった（『宣祖実録』）。

疑いながらも沈惟敬の再来を待っていた小西軍は、李如松《リールーソン》率いる大軍に襲われた。今回は城壁をよじ登る歩兵集団・南兵の活躍がめざましく（南兵とは、浙江など南部出身の軍で、北部では主に万里の長城の修築をしていた）、激戦のうちに小西の実弟も戦死した。小西は李如松に交渉を申し込み、平壌を撤退する代わりに追撃しないという約束を取りつけた。

優勢な李如松が、なぜ劣勢の小西と取り引きするのか。それは、李如松も自軍の被害を最小限に抑えたいからである。将官らは多数の私兵を率いていたので、彼らを失うのは自分自身の損害である。また、戦闘に勝利しても、皇帝から預かった兵馬の損耗が激しければ、無能だと弾劾されて失脚するからだった。

明皇女嫁娶という条件

その後も小西らは明軍と交渉を続け、文禄二年（一五九三）五月、遼東勤務の賛画（参謀補佐官）謝用梓《シエヨンズ》と徐一貫《シュイーグアン》を連れて肥前名護屋《なごや》（現、佐賀県唐津市）に戻り、二人を明の皇帝使節として秀吉に対面させた。秀吉は日・明・朝三国新秩序（いわゆる講和七条件）を使節に預けて皇帝に送り、回答が来るまで日明休戦とした。

前年五月に秀吉は「戦後は寧波に移る」と発表していたが、それはまだ明との交渉が始まらない時点である。この七条件の中に秀吉の寧波移動構想はなく、その代わり、第一条は「明の皇女を日本に嫁入りさせる」要求が現れた。これは何を意味するのだろうか。

明帝国は周辺国と外交関係を結ぶにあたり、婚姻関係を絶対に結ばなかった。それなのに、万一日本だけが皇女を得たら、日本は明の「婿どのの国」（杉山正明氏の造語）として、その他大勢の国より一段高い地位となる。序列としては皇帝─皇子─皇女の婿（駙馬《ふば》）と、皇族に準じる扱いだ。もし代々国婚が成功すれば、皇帝の血を濃く引く日本国王は明皇族の一員になり、明皇帝選出にも介入できるようになる。ちょうど元《げん》末期の高麗《こうらい》国王・忠宣《チュンソン》王のように（森平：二〇一三）。

そこまでいかずとも、「皇帝の婿どのの国」なら秀吉の威光は寧波にも及ぶ。ゆえに、自ら寧波で睨みを効かせる必要もなくなったと見るべきだろう。

朝鮮王子を秀吉の膝下で教育

秀吉は朝鮮に対する講和条件としては、朝鮮の臣従の表示として王子来日を要求した。

これも元皇室と高麗王室の関係を彷彿とさせる。日本でも、嗣子を人質として預かり、近習として側仕えさせ、やがて家督を継ぐ頃には実父より主君の政治方針に馴染ませる慣習がある。高麗王室も王世子や貴族子弟を禿魯花《トルガク》（人質）として元宮廷に送ったが、彼らは皇帝の身辺警護や秘書的な業務を担うケシクという親衛隊に入れられた。彼らは元の政治文化を吸収し、宮廷高官らを後ろ盾として確保し、やがて高麗国王として即位した時には、元宮廷との関係を維持しつつ自国の最大利益を実現する高度な政治力が鍛えられていた（森平：二〇一三）。質子教育によって次代の関係安定を狙うシステムの起源はトルコかとも言われているが、はっきりしない。

加えて秀吉は講和七条件で、「朝鮮国八道（この道はいわゆる道州制の道）のうち北部四道はすでに国王に返還した」と書いたので、南部四道については秀吉が割譲を要求しているものと解釈されてきた。ところが中野等氏が、文禄四年（一五九五）に秀吉が改めて示した講和条件（「大明朝鮮与日本和平之条目」）の文言を「王子が本朝に来て近侍するならこれ（南部四道）を与える」と読むべきことを指摘したので、秀吉は朝鮮全土を朝鮮王族支配下に戻す意向だったことがはっきりした（中野：二〇〇六）。中野氏はこれを、「名目上は秀吉の海外領土獲得、実際には朝鮮の王族に支配させる」形を構想したと解釈する。

跡部信氏もこの文言に注目し、文禄五年（一五九六）九月の大坂城講和決裂時に秀吉以下は南部四道の帰趨に無関心、同時代の人々も「今からでも王子さえ来れば再出兵はない」と口を揃えていることを根拠に、秀吉にとっては朝鮮の臣従表示こそが重要であり、それに比べれば南部四道に関心はなかったと解釈した（跡部：二〇一六）。

講和破綻の原因

大坂城講和破綻の原因は、秀吉が求めていた朝鮮領土要求を明・朝鮮が共に認めなかった、というのが中村栄孝氏以来の定説であり、慶長の役は秀吉が南部四道を軍事力で手に入れるためだったという北島万次氏の論が定説である。

しかしそれでは、秀吉が朝鮮の王子不参の責任を明兵部に問い、兵部の回答が来るまで明と戦わないと表明している点との整合性がつかない。

跡部氏は、秀吉には明への戦意も朝鮮への領土欲もなく、王子を人質として得る意志もなく、ただ「朝鮮が秀吉への形式的な臣従を見せること」を求めて慶長の役を起こしたと結論づけた。

だが中野氏が読み取った文言の意味するところは、秀吉が朝鮮王子を諸大名子弟と同様に近習として仕えさせ、「豊臣化」した頃に帰国・即位させようとしたことである。「秀吉に臣従の礼をとる」新国王が、父王から北部四道を譲り受け、秀吉から南部四道を与えられて朝鮮全土を支配する（それまで南部四道は秀吉の直轄地として占領しておく）。

臣従が形式的・名目的なのは最初だけで、領内への蔵入地《くらいりち》（直轄地）設定、検地、軍役・普請役の負担が徐々にのしかかって身動きできなくなるのが、豊臣大名のたどる道である。朝鮮もそのルートに乗ってしまうか、一切乗らないか、これが朝鮮出兵全期間を通してのせめぎあいだったと考えられる。

慶長の役と秀吉の威信

講和破綻後も、朝鮮側は王子渡日を頑として拒否する。王子が政治・外交に関与することは「父殺し」「謀反」に通じるため、朝鮮では口にするのも憚られるタブーだからである。

それで小西側は、「定期的な使節渡日があれば再派兵を中止できる。ただ贈り物の品目と数量を指定させてくれ」と「名目的臣徒」のハードルを下げた。つまり贈り物を貢物と見立てる策だが、朝鮮側から「贈り物の内容を注文するなど無礼である」と一蹴された（黄慎《ファンジン》『日本往還日記』）。慶長二年（一五九七）六月まで小西側は、王子渡日か貢物かで開戦を引き延ばしたが、打開点が見えずに七月の開戦となった。

ちなみに加藤清正以下の諸大名は、慶長二年正月から夏にかけて順次朝鮮へ渡海したにもかかわらず、戦闘を始めなかったのは、秀吉の「抜け駆け禁止」命令が重く（『島津家文書』）、各大名が勝手に戦えなかったためである。

秀吉は、慶長の役では南部四道の一つ全羅道《チョルラド》民の皆殺しを命じた。全羅道は秀吉軍の侵入を拒んだ「一揆反抗」地域として、文禄の役の頃からずっと、その「成敗」が懸案事項だったからである。こうして全羅道は特に膨大な鼻削ぎや民の大量拉致・売買が横行する凄惨な戦場となった。講和に失敗した秀吉は、こういう形で政権の威信を保ったのである。

朝鮮撤退の理由

慶長三年（一五九八）八月に秀吉が死ぬと、五大老と五奉行は秀吉の死を秘したまま在陣大名らに「諸大名は各陣を撤退し、和議が調うまで釜山で待機せよ」という指示を送り、使者の徳永寿昌《とくながながまさ》と宮木長次に「和議の条件は王子または貢物、それも無理なら現地判断で良い」という連署状を与えた。そして、和議交渉と撤退事業を監督するために、石田三成と浅野長政《あさのながまさ》が九州博多へ向かった。

多くの一般書では、「秀吉が死んだので撤退した」と簡単にまとめられるが、それは違う。「形式だけでも」朝鮮との和議を成立させ、それまで諸大名は帰国できないはずだった。

ところが、徳永らがまだ朝鮮へ到着しないうちに、伏見に現地諸大名から、明軍の蔚山《ウルサン》・泗川《サチョン》・順天《スンチョン》同時攻撃の急報が入る。徳川家康らは、これは朝鮮との和議交渉どころではないと判断し、十月中旬、「明軍を振り切って帰国せよ」という指示に切り替えた。伏見の首脳部が恐れたのは「逃げ帰る諸大名のあとを追って明軍が日本に侵入すること」であり、石田と浅野は朝鮮への増援派遣も視野に入れた。

三軍同時攻撃

慶長三年（一五九八）初頭、文官ながら戦意も統率力も高い経理楊鎬《ヤンファン》は、加藤清正の籠もる蔚山に猛攻撃をかけていたが、諸大名の援軍到着と季節はずれの寒波で軍馬が大量に凍死したため、撤退を余儀なくされた。その後、楊鎬は、蔚山加藤・泗川島津《しまづ》・順天小西を同時攻撃・殲滅する作戦を周到に練っていたが、蔚山で皇帝の兵馬を損じ過ぎたことを口実に、明軍内の講和派から弾劾され、朝鮮を去った。

総司令官を欠いた三軍同時攻撃は失敗に終わった。明軍の猛攻が一段落すると、小西行長と島津義《よし》弘《ひろ》は連携して明軍と交渉に入り、「撤退・帰国する代わりに追撃しない」という約束を取りつけ、人質として明の将兵らを連れて帰国の途についた。

九州の領地に帰還する小西と島津の眼前の課題は、当然明との交易再開である。島津義弘は、帰国するとすぐに人質を福建巡撫に送り返し、独自交渉をスタートさせた。小西と寺沢は対馬に人質を抑留し、数次に分けて人質と書状を朝鮮駐留中の明軍に送って交渉を継続した。

実は加藤清正だけが「蔚山ひとりぼっち」だった。蔚山攻撃を命じられた提督麻貴《マグイ》は、「加藤清正は最強だ」という噂に脅え、ろくな攻撃もせずに帰ってしまったのである。清正は、小西や島津のように人質という土産も得られないうえ、戦功すら立てられなかった。とうとう清正は「自分は帰国するから、手紙があったら日本に送ってくれ」という転居通知（？）の立札だけを残して（『宣祖実録』）、空しく朝鮮を去ったのである。

戦役中も清正は、小西外交の欺瞞の証拠をつかんで自分が秀吉の条件を満たすため、熱心に明・朝鮮との交渉を試みていた。だが清正は、配られたカードが悪かった。一度捕らえて解放した王子との文通はできても、王子は外交にタッチしない。王子を捕らえていた時、王子の妃の祖父である黄廷彧を脅迫して降伏勧誘の国王宛て書状を書かせたら、朝鮮宮廷の派閥争いも絡んで、解放された黄廷彧は清正に降ったと誤解されて投獄される。事情を知らない清正は、何度も王子や黄廷彧との面談を要求したが、朝鮮宮廷は交渉権限や国政知識を持つ臣僚派遣を避け、民間人の僧将松雲《ソンウン》惟政《ユジョン》を敵情探索のために差し向けるだけだった。「戦さに強すぎる」清正の努力は、最後まで報われなかったのである。

家康の認識

家康としても明・朝鮮との和議や交易は望んでいたが、それを西国・九州主導で実現されてしまうのは好ましくなかった。

小西行長は、慶長四年（一五九九）には秀吉生前の政治秩序に従うより、むしろ家康に接近するが、慶長五年（一六〇〇）の関ヶ原の戦いでは結局家康と戦う道を選んだ。

小西は宣教師に「家康はキリスト教を禁止するだろうから」と説明した。日本教界を支えるアゴスチイノ小西行長としてはそうするしかないにしても、彼はなぜ家康のキリスト教禁止を予想したのか。朝鮮駐留と戦闘が終わって経済的に余裕が出来始めた九州大名の自立性を警戒する家康は、結局宣教師を追放して貿易権占有に向かうと推測したのだろう。天正年間と違って来航国家は増え、小西でなくても多くの外交ブレーンが家康には存在する。小西の居場所は、もはやない。

関ヶ原の戦い後、小西行長は捕縛されて、六条河原で石田三成、安国寺恵瓊《あんこくじえけい》と共に斬首された。西軍大名でも命が助かった者は多いのに、なぜ肥後宇土《うと》領主の小西が西軍の大物扱いされたのか。石田三成の死で豊臣政治の終焉が演出されたのと同様、国家権威の根源を日本国内ではなく明皇帝に求める外交の中心人物として、また外国人宣教師を保護し、海に開いた九州の自立性の象徴として、小西行長は斬られたのである。

主要参考文献

跡部 信『豊臣政権の権力構造と天皇』（戎光祥出版、二〇一六年）
北島万次『豊臣秀吉の朝鮮侵略』（吉川弘文館、一九九五年）
金翰奎《キムハンギュ》「壬辰倭乱の国際的環境　中国的世界秩序の崩壊」（鄭杜熙《チョンドゥフィ》・李璟珣《イギョンスン》編、金文子《キムムンジャ》監訳、小幡倫裕訳『壬辰戦争　16世紀日・朝・中の国際戦争』明石書店、二〇〇八年）
武田万里子「豊臣秀吉のアジア地理認識　『大唐都』はどこか」（『海事史研究』六七号、二〇一〇年）
津野倫明「朝鮮出兵の原因・目的・影響に関する覚書」（高橋典幸編『生活と文化の歴史学5　戦争と平和』竹林舎、二〇一四年）
中野 等『秀吉の軍令と大陸侵攻』（吉川弘文館、二〇〇六年）
堀 新『織豊期王権論』（校倉書房、二〇一一年）
森平雅彦『モンゴル覇権下の高麗——帝国秩序と王国の対応』（名古屋大学出版会、二〇一三年）
米谷 均「豊臣秀吉の『日本国王』冊封の意義」（山本博文・堀新・曽根勇二編『豊臣政権の正体』柏書房、二〇一四年）
米谷 均「文禄・慶長の役／壬辰戦争の原因　実像編」「破り捨てられた？　冊封文書」（堀新・井上泰至編『秀吉の虚像と実像』笠間書院、二〇一六年）

第9章　石田三成襲撃事件の真相とは

水野伍貴

これまでの通説的見解

慶長四年（一五九九）閏三月三日に前田利家《まえだとしいえ》が歿したのを契機として、加藤清正《かとうきよまさ》ら七将が五奉行の一人である石田三成の襲撃を企てた。襲撃計画を事前に知った三成は、大坂を脱出して伏見へ逃れ、七将もまた軍勢を率いて三成を追いかけて伏見へ上る。そして、双方の間で軍事的緊張が走ったところに、徳川家康の仲裁が入った。結果、三成が五奉行の職を退き、領地の近江佐和山《さわやま》（現、滋賀県彦根市）へ引退することで事件は収束した。

この石田三成襲撃事件は、豊臣恩顧の大名の分裂を象徴するものとして、関ヶ原の戦いを扱う小説や時代劇で必ずと言っていいほど採り上げられている。

この事件の通説的見解を示すものとして、事件のポイントを整理すると次の通りである。

①豊臣秀吉の死後に起きた初の軍事的な事件であり、七将は三成を襲撃し、暗殺を企てた。
②加藤清正ら七将は、慶長の役の際に三成に対して抱いた私怨から襲撃に及んだ。

③七将が三成を襲撃するために武装蜂起したことは、私戦の復活を意味している。
④これまでは前田利家が、清正ら武功派と三成ら吏僚派の対立を緩衝していたが、利家が死去したことによって対立が表面化し、事件となった。

本章ではこれらのポイントに着目し、検証を加えながら事件の真相を探っていきたい。

七将には誰が該当するのか

冒頭に挙げた四つのポイントを見ていく前に、最初に七将には誰が該当するかというところから見ていきたい。

実は、七将のメンバーは史料によって異なっている。『関原始末記《せきがはらしまつき》』は、池田輝政《いけだてるまさ》、福島正則《ふくしままさのり》、細川忠興《ほそかわただおき》、浅野幸長《あさのよしなが》、黒田長政《くろだながまさ》、加藤清正、加藤嘉明《よしあき》の七名となっており、このメンバーは『関原軍記大成《せきがはらぐんきたいせい》』や徳川幕府の正史『徳川実紀《とくがわじっき》』に踏襲され、最もメジャーなものとなっている。

しかし、事件の真っ只中である慶長四年閏三月五日付けで出された家康文書（『譜牒余録《ふちょうよろく》』）の宛所は、細川忠興、蜂須賀家政《はちすかいえまさ》、福島正則、藤堂高虎《とうどうたかとら》、黒田長政、加藤清正、浅野幸長の七人となっており、後述する事件の展開で登場する人物とも照らし合わせると、この七名を七将と捉えるのが最も妥当と思われる。

なお、家康の侍医である板坂卜斎《いたさかぼくさい》の覚書『慶長年中卜斎記』では、蜂須賀家政と藤堂高虎の代わりに脇坂安治《わきさかやすはる》と加藤嘉明を加えた七人となっているが、覚書という史料の性格上で起きたミスと考えられる。

義演《ぎえん》の日記である『義演准后日記《ぎえんじゅごうにっき》』では「大名十人とやらん」と、清正らの人数を十人くらいとしており、七人に限定していない。実際に、七将以外に黒田如水《じょすい》と浅野長政《ながまさ》の関与が確認できることから、七人以上とする見方もできる。しかし、黒田如水と浅野長政は、七将メンバーである黒田長政と浅野幸長の父親であり、家を単位に考えれば七家に収まるほか、豊国社の神龍院梵舜《しんりゅういんぼんしゅん》の日記『舜《しゅん》旧記《きゅうき》』に「七人大名衆」とあることから、七将の呼称を踏襲し、前に挙げた七名を七将として話を進めていきたい。

『三河物語』の記述と家康の私婚問題

石田三成襲撃事件について、家康の家臣である大久保忠教《おおくぼただたか》が著した『三河物語《みかわものがたり》』に次のような記述がある（以下、引用する史料はすべて現代語訳）。

大坂より加賀大納言（前田利家）が大急ぎでやって来て「とにかく向島（伏見城の支城として築かれた向島城があった）にお移りください」とおっしゃるので、家康は向島へお移りになる。そうなると皆、心変わりをして我も我もと弁解する。最後には石田治部少輔（三成）一人に責任をかけて、寄り合って治部（三成）に腹を切らせようとした。家康は御慈悲が深いので「皆、治部（三成）

を許されよ」とおっしゃったが、皆は聞かない。「それならば石田を佐和山へ引退させせよう」とおっしゃったが、「道中に押しかけて腹を切らせよう」と皆が口にするのを聞いて「それならば中納言（結城秀康）が護送せよ」との御命令が出た。越前中納言様（秀康）がお送りになったので、無事に石田は佐和山へ着くことができた。

冒頭に出てくる前田利家の徳川邸訪問は、徳川氏と前田氏の関係改善を図ったものである。この年（慶長四年）正月に家康が伊達政宗《だてまさむね》と勝手に縁組の話を進めていたことが問題となり、利家をはじめとする四大老と五奉行は、家康と衝突していたのである。『三河物語』の記述の特徴は、石田三成襲撃事件を個別の事件として扱わず、家康の私婚問題から生じた対立の延長戦上に位置づけていることである。

大名同士が勝手に縁組することとは、秀吉の命令によって禁止されていたが、秀吉は死の直前に大老衆が相互に縁組をして結束を強化するよう命じていた。本来であれば大老衆と縁組を進めなくてはならないところを、家康は伊達政宗との結びつきを強くしようと、家康の六男忠輝《ただてる》と政宗の長女五郎八《いろは》姫《ひめ》との婚約の話を進めていた。これは、秀吉の遺命に背くだけにとどまらず、家康が地方にいる諸大名を味方に引き込み、自身の党派を形成していくことを宣言していた。

のちに石田三成は、真田昌幸《さなだまさゆき》宛ての書状の中で細川忠興について述べており、「彼仁（家康）を徒党の大将に致し」と非難している（『真田家文書』）ため、家康が党派を形成しているという認識は当時の人々の間にもあったと言える。

私婚問題が発生した際、四大老・五奉行と家康は一触即発の事態となり、家康に親しい大名たちは手勢を率いて家康の屋敷へ馳せ参じ、屋敷の警護を固めた。この時、馳せ参じた大名は、池田輝政、福島正則、黒田如水・長政父子、藤堂高虎、森忠政《もりただまさ》、有馬則頼《ありまのりより》、金森長近《かなもりながちか》、新庄直頼《しんじょうなおより》らである（『家《いえ》忠日記増補追加《ただにっきぞうほついか》』）。

関ヶ原の戦い直後の成立といわれる『黒田長政記』には、「内府様（家康）御屋敷へ、長政様は侍どもを弐拾人ほど召し連れられ」と、黒田長政が手勢を率いて徳川邸へ参じた様子が詳しく記されている。行使こそされなかったものの、政争に軍事力が動員されるという事態は、石田三成襲撃事件の三ヶ月前からすでに行われていたのである。

正月の騒動ののち、二月五日に家康と四大老・五奉行の間で誓紙《せいし》が交換され、私婚問題は一段落したが、家康と四大老・五奉行の関係そのものは改善されていない。そのため、細川忠興・加藤清正・浅野幸長の三人が家康と前田利家の関係を改善へ導こうと奔走し、冒頭に出てきた利家の徳川邸訪問に至ったのである（『綿考輯録《めんこうしゅうろく》』）。

五大老の一人である前田利家は、家康にとっては最も手強い相手であり、豊臣秀頼《ひでより》の傅役《もりやく》を任されていたほか、家康が伏見に鎮座して諸大名に睨みを利かせていたのと同様に、利家は大坂に鎮座して豊臣政権を支えていた。秀吉は、家康と利家に同様の権限を与えており、伏見の家康と、大坂の利家といった形で、二人は対をなす存在だった。

利家は、家康のようにほかの大名と結びついて党派を結成するような動きは見せなかったが、五大老の宇喜多秀家《うきたひでいえ》は娘婿にあたり、五奉行の浅野長政とも親交があった。また、細川忠興の嫡男忠隆《ただたか》は利家の娘婿であり、加藤清正とは親交があっただけでなく、文禄の役の講和問題で秀吉から譴責された清正を、利家と家康が取り成したという恩義でも結ばれていた。

浅野長政・細川忠興・加藤清正は、その前田氏との繋がりから、石田三成襲撃事件から半年後に利家の子の利長《としなが》が家康暗殺を企てたという嫌疑をかけられた際、浅野長政は謹慎処分および人質の提出、細川忠興は人質の提出、加藤清正については利長と同様に牽制軍が派兵されたほどである。利家は、五大老・五奉行の構成員と、七将に名を連ねる豊臣恩顧の大名の双方に強力な人脈があり、縁戚・友好に基づいた関係から一つの勢力が形成されていたのである。

利家の徳川邸訪問によって利家と家康の関係が改善へ向かったことは、三成ら反徳川勢力から、前田系の勢力が離れていくことを意味していた。二月二十九日に利家が伏見の徳川邸を訪問したのに続いて、三月八日に宇喜多秀家が家康に誓紙を出して和解している（『島津家文書』）。

暗殺未遂事件か

『三河物語』は、利家が家康との関係改善に動いたのを契機として、諸大名が次々と家康に味方するようになったという。そして、最後には三成一人に責任を負わせようと、切腹を迫ったとする。

『関原軍記大成』では、前田利家が死去した閏三月三日、七将が大坂城で三成を暗殺する密談を行い、それを秀頼に仕えていた桑島治右衛門《くわしまじえもん》が耳にして三成へ伝えたと記されているように、七将は最初から三成を討ち取ろうとしていたとするのが一般的であるため、内容に違いがあるようにも感じられる。しかし、板坂卜斎の覚書『慶長年中卜斎記』によると、七将は家康に三成の制裁を訴え、家康は七将を宥めたという。それに対し七将は、三成が過去に家康を討つ企てをしたことを挙げて家康の同意を得ようとしている。暗殺計画とは異なり、家康に三成の制裁（切腹）を訴えた事件となっている。

ほかにも、伊達成実《だてしげざね》によるものとされている『伊達日記《だてにっき》』には、三成一人が「悪逆」の果てに切腹に及びそうなところを、佐竹義宣《さたけよしのぶ》が伏見から駆けつけて三成を警護し、伏見の屋敷まで送り届けたとある。また、福島正則ら大名衆が結託して三成に腹を切らせようとしたという当時の風聞も残っている（『北野社家日記《きたのしゃけにっき》』）。そして、イエズス会の史料（「一五九九年度日本年報」）にも『三河物語』と同様の記述がある。

時が経つにつれて、治部少輔（石田三成）のもとを離れた軍勢や武将たちの数の増大によって家康は強大になり、勝者のように、こう言うようになった。治部少輔（三成）が故国の礼儀に従って切腹をしない限り、その他の方法によって日本国が平穏になることはできぬ、と。

家康の側に諸大名がなびき、三成が切腹を迫られている点で共通している。ここでは、三成に切腹を迫ったのは家康となっているが、これは家康が七将の要求を代弁したためと考えられる。このように、七将の行動は三成に政治的責任を負わせて切腹を迫ったとするもので、襲撃・暗殺とは性格が異なるものとなっている。

原因は私怨か

次に、冒頭に挙げた二つ目のポイント「加藤清正ら七将は、慶長の役の際に石田三成に対して抱いた私怨から襲撃に及んだ」について検証していく。

七将が三成に私怨を抱いた原因は、慶長の役の中でも蔚山《うるさん》籠城戦後の処分問題にあったとされている（笠谷：二〇〇六）。

経緯は、慶長二年（一五八二）十二月二十二日、竣工を控えた蔚山城を明・朝鮮の連合軍が急襲し、普請を行っていた浅野幸長や、救援に駆け付けた加藤清正が城に籠り応戦した。翌年の正月三日に蜂須賀家政と黒田長政らの援軍が到着し、明・朝鮮の連合軍を撃退したが、諸将は追撃を行わなかった。軍目付《いくさめつけ》だった福原長堯《ふくはらながたか》（三成の妹婿）らは、追撃停止を怠慢と捉えて秀吉に弾劾。これにより、清正らは譴責を受け、蜂須賀家政と黒田長政に至っては謹慎を命じられたというものである。石田三成襲撃事件ののち、蜂須賀家政と黒田長政の処分が、五大老によって撤回され、名誉を回復したことが大きな根拠となっている。

七将の面々と蔚山籠城戦との関わりを照らし合わせていくと、浅野幸長と加藤清正は蔚山城に籠城していたため最も関わりが深いと言える。蜂須賀家政と黒田長政は、蔚山城へ救援に駆けつけたものの、明軍を追撃しなかったことを秀吉に咎められているので、両者も関わりがあると言えよう。

また、藤堂高虎も蔚山籠城戦後に蔚山・順天《じゅんてん》を放棄して戦線を南に後退させる戦線縮小案を唱えた一件で、蜂須賀家政・黒田長政・加藤清正らと共に秀吉から譴責を受けている（『看羊録《かんようろく》』）。

このように、七将のうち浅野幸長・加藤清正・蜂須賀家政・黒田長政・藤堂高虎の五人は、蔚山籠城戦後の追撃停止や戦線縮小案といった慶長の役の際に起きた政治的軋轢に関わっている。しかし、細川忠興・福島正則は関係を見出し得ない。そればかりか、この両者は慶長の役には従軍していない。

したがって、事件の直接的な起因を慶長の役の際に抱いた私怨とすると、細川忠興・福島正則は該当しない。もっとも、七人も人数がいれば、すべてが共通の思惑で行動するのは難しいかもしれない。しかし、共同戦線を張っている以上、共通の大義名分があるはずである。

ここで、前述した板坂卜斎の覚書『慶長年中卜斎記』の記述を振り返ると、家康から三成の制裁について同意を得られなかった七将は、三成が過去に家康を討つ企てをしたことを挙げて家康の同意を得ようとしている。七将の行動が、「大義名分」と個々の「思惑」の二つで成り立つとした場合、慶長の役の際に抱いた私怨は「思惑」にあたり、表向きは、私婚問題をはじめとする家康と反徳川勢力の間に起きた政争の責任を三成に負わせようというものだったのだろう。

つまり、個々の思惑がどうであれ、この事件は私戦ではなく、政争として展開している。『三河物語』が石田三成襲撃事件を個別の事件として扱わずに、政争の延長戦上に位置づけたのはそのためだろう。このことは、大久保忠教が「最後には石田治部少輔一人に責任をかけて」と、三成一人が責任を負うのは不当であるかのように同情を露わにしている点からも窺うことができる。

前田利家の死による影響

事件が前田利家の死から間髪を容れずに起きていることから、利家の死が事件の引き金となった点は疑いない。しかし、利家が清正ら武功派と三成ら吏僚派の対立を緩衝していたため、その不在によって事件へ発展したという理解は正しいのだろうか。利家が、武功派と吏僚派の対立を緩衝していたと仮定しても、利家の死から一日も明けることなく事件となるのは早すぎるのではないだろうか。そこで、七将が家康に三成の制裁を訴えたあとの事件の経緯を見ていきたい。

板坂卜斎の覚書『慶長年中卜斎記』では、大坂にいた三成は、七将の行動を受けて家康に和解を申し込み、和解が済んだあとに伏見へ上ったとする。そして、加藤清正と黒田長政は、大雨の中、軍勢を率いて三成のあとを追いかけたという。ただし、両者の行動は「もし、家康の命令が変わり、三成を道中で踏みつぶせという指示を受けたら、という心がけによるもの」としている。つまり、襲撃は家康に制止されており、私意で三成を襲撃することはできなかったのである。

従来、七将の行動は、三成に対する私怨から勝手に軍事行動をとった私戦という面がクローズアップされてきた。しかし、これまで見てきたように、七将は事件において家康の同意を仰いでおり、家康の統制下にあったのである。また、家康は事件の仲裁者とされてきたが、七将側のリーダー格と捉えなくてはならない。

ここで、なぜ三成は伏見へ向かったのか、なぜ和解を済ませたにもかかわらず三成は逃げるように伏見へ向かう必要があったのか、という点を考えていきたい。前田利家が亡くなる直前の五大老・五奉行メンバーの居所は、伏見に徳川家康、毛利輝元《もうりてるもと》、上杉景勝《うえすぎかげかつ》、増田長盛《ましたながもり》、長束正家《なつかまさいえ》、前田玄以《まえだげんい》がおり、大坂には前田利家、宇喜多秀家、浅野長政、石田三成がいた。大坂は前田系の勢力で固められている。三成の伏見への移動に関して、イエズス会の史料（「一五九九年度日本年報」）は次のように記している。

ついに家康は、太閤様（豊臣秀吉）の息子である主君（豊臣秀頼）が住んでいた大坂城を占拠した。しかも彼は、このことを心中の意図によって非常に狡猾にやってしまい、そのため奇襲攻撃を受けた（敵方および）援軍に来ていた敵方には防衛の余裕を与えなかった。大坂城から遠くない邸にいて、六千の武装した軍勢に護られながら夜を過ごしていた治部少輔（石田三成）は、この思いもかけぬ不幸を阻止することができなかった。治部少輔（三成）はこの窮地に追い込まれると、同僚の統治者たちの権力下にあった伏見の城へ赴いた。

大坂城を家康に占領されたために、「同僚の統治者たち」、つまり五奉行メンバーの増田長盛、長束正家、前田玄以や、同じく反徳川勢力の毛利輝元と上杉景勝のいる伏見へ向かったという。軍事クーデターを彷彿させる占領劇が実際に起きたかは不明だが、毛利輝元が叔父の毛利元康《もとやす》に対して「大坂城は、徳川方が掌握したと聞いている。こちら方は一切（大坂城に）出入できないようだ」「大坂城に在番している小出秀政《こいでひでまさ》と片桐且元《かたぎりかつもと》は徳川方である」と伝えている（『厚狭毛利家文書』）ことから、大坂城が家康と七将による徳川方に押さえられていたことは間違いない。

本来、大坂は豊臣秀頼の後見人である前田利家に委ねられていたが、利家の死を契機とし、家康に同調する者たちによって徳川方の拠点に塗り替えられてしまったのである。浅野長政も徳川方として事件に関与していることが確認でき、前田利長と宇喜多秀家以外の前田系勢力は徳川方として行動していた。大坂にいた三成は四面楚歌に陥り、こうした状況下で七将は、家康に三成の制裁（切腹）を訴えたのである。

窮地の三成が、増田長盛や毛利輝元など味方が集まる伏見へ移ろうと考えることは自然の成り行きだった。しかし、三成が伏見へ向かう安全を確保するために家康へ和解を申し入れたことは、事件における三成の敗北を濃厚なものとし、事件の裁定権を家康に握られる要因の一つとなったのである。

なお、伏見を逃れた三成は、家康の屋敷へ駆け込んで匿われたとされていたが、実際に三成が入ったのは伏見城内にある三成の屋敷だったことが、『関原軍記大成』の「三成は伏見の城内に入りて、わが屋敷に楯籠もる」という記述や、『多聞院日記《たもんいんにっき》』や『慶長年中卜斎記』の記述から明らかとなっている（笠谷：二〇〇六）。

事件の収束と三成の失脚

三成を追って手勢を率いて伏見へ上ってきた清正らは、伏見城の三成を牽制した。なお、軍勢を率いていることが確認できる武将は、加藤清正、黒田如水・長政、蜂須賀家政、浅野幸長である（『厚狭毛利家文書』『看羊録』『譜牒余録』)。七将全員が三成を追いかけたわけではなく、藤堂高虎は大坂にとどまっていることが確認できる(『高山公実録《こうざんこうじつろく》』)。

一触即発の事態を受けて、伏見では三成が伏見城に駆け込んだ早い段階から山名禅高《やまなぜんこう》(豊国《とよくに》)が、家康と毛利輝元の間を往来し、和議に奔走している(『厚狭毛利家文書』)。山名禅高は、室町幕府において四職の家柄の出身であり、秀吉の存命中は御伽衆《おとぎしゅう》を務めていた。豊臣政権は、天下統一の過程において旧守護の家柄の者を大名との交渉にあたらせており、山名禅高はその家柄から仲裁を任されたものと考えられる。また、北政所《きたのまんどころ》も仲裁に入ったとされている(『言経卿記《ときつねきょうき》』)。

家康が七将側のリーダー格だったことは前述したが、三成は増田長盛と共に事件の解決を毛利輝元と上杉景勝に委ねている。事件の終盤になると七将は増田長盛の処分まで要求しており(『厚狭毛利家文書』)、対立構造は完全に徳川方と反徳川勢力というものとなっていた。家康と輝元・景勝は、表向きは事件の仲裁者だったが、実質的にはそれぞれの勢力の代表者として交渉を行っていた。山名禅高は、それぞれ代表者の間を何度も往来し、和議に奔走していたのである。

閏三月八日頃には話がまとまり、結果、三成は蟄居となって閏三月十日、佐和山へ移った。その後、閏三月二十一日に家康と輝元は誓紙を交換し、その中で家康は輝元を「兄弟」、輝元は家康を「親子」と表現し、両者の間で上下関係を明確にしている(『毛利家文書』)。

こうして反徳川勢力との政争に勝利した家康は、福島正則、蜂須賀家政、加藤清正ら豊臣恩顧の大名と次々に縁組をしていき、自身の党派をより強固なものとしていく。

事件の真相とは

最後に、冒頭に掲げたポイントを踏まえ、事件の整理を行いたい。初めに、七将の行動はあくまで家康に三成の制裁を訴えたものであり、襲撃・暗殺とは性格が異なるものだった。また、手勢を動かすという行為も、家康の私婚問題が発生した頃から確認でき、こうした一連の政争の流れから事件は起きている。

続いて、事件の動機が私怨かという問題については、七将の内、加藤清正・黒田長政・浅野幸長・蜂須賀家政の四名に関しては、事件に対する積極性や、事件後に三成の処分に対して清正が不満を述べていることから考えて、蔚山籠城戦後の処分問題による私怨と見てよいだろう。しかし、残りの七将メンバーとの関わりや、事件が増田長盛などにも飛び火していることを踏まえると、表向きは三成に対してこれまでの政争の責任を負わせるために展開していたと考えられる。

従来、七将の行動は私戦という面がクローズアップされてきた。しかし、七将は家康を盟主として仰ぎ、家康の統制下にあった。七将は事件において常に家康の同意を仰ぎ、七将の行動はあくまで家康に容認された範囲に限られていたのである。事件は私戦ではなく、これまでの政争の一環として展開されている。この事件の対立構造は、七将と三成ではなく、徳川方と反徳川勢力だった。

そして、前田利家の死が事件の契機となったのは、三成と七将を仲裁する人物が失われたことではなく、利家の死を好機と捉えた徳川方による大坂の掌握にあった。前田系の勢力の拠点として位置づけられてきた大坂が、一夜にして徳川方の拠点になるという劇的な変化が起きたことにより、大坂にいた石田三成は四面楚歌に陥ることとなり、一方の七将はこれを好機と捉え、家康に三成の制裁を訴えたのである。

主要参考文献

跡部　信「高台院と豊臣家」(同『豊臣政権の権力構造と天皇』戎光祥出版、二〇一六年。初出二〇〇六年)

笠谷和比古『関ケ原合戦と近世の国制』(思文閣出版、二〇〇〇年)

笠谷和比古『戦争の日本史17　関ヶ原合戦と大坂の陣』(吉川弘文館、二〇〇七年)

清水　亮「秀吉の遺言と『五大老』『五奉行』」(山本博文・堀新・曽根勇二編『消された秀吉の真実——徳川史観を越えて』柏書房、二〇一一年)

水野伍貴『秀吉死後の権力闘争と関ヶ原前夜』(日本史史料研究会、二〇一六年)

光成準治「関ヶ原前夜における権力闘争——毛利輝元の行動と思惑」(『日本歴史』七〇七号、二〇〇七年)

光成準治『関ヶ原前夜——西軍大名たちの戦い』(NHKブックス、二〇〇九年)

第10章 毛利輝元、吉川広家、安国寺恵瓊の関係と関ヶ原の戦い

光成準治

関ヶ原の戦い時の輝元、広家、恵瓊をめぐる通説

関ヶ原の戦い時の毛利輝元《もうりてるもと》は、①石田三成の策謀に乗せられ、いったんは反徳川の立場に立ったものの、家中の不統一もあって積極的には戦闘に参加せず、結句、老獪な家康に翻弄され、減封処分を受けた凡庸な人物（参謀本部：一九七七、徳富：一九八一）、②石田三成と結託した安国寺恵瓊《あんこくじえけい》の姦計によって大坂に呼び出され、やむを得ず西軍に参加させられた被害者（渡辺：一九八二）、という古くからの二つのパターンで捉えられることが多い。

このうち、家中の不統一として、恵瓊と吉川広家《きっかわひろいえ》の対立が指摘されている。恵瓊は、石田三成や大谷吉継《おおたによしつぐ》の挙兵計画に加担して、輝元を大坂に呼び寄せ、その後も毛利勢を率いて伊勢安濃津城《あのづ》（三重県津市）攻撃などにあたり、関ヶ原の戦い当日も戦闘への参加を主張したとされる。これに対して広家は、輝元の上坂を阻止しようとしたが果たせなかった。このため、その後、三成らへの加担は恵瓊の独断であり、輝元の事前関与がなかったことを家康に弁明して、不戦の密約を戦い前日に成立させ、

当日は毛利勢の戦闘参加を阻止したとされる。

しかしながら、これらの理解は主として江戸期に作成された軍記類の記述に沿ったものであり、幕藩体制下という政治的バイアスがかかったものと考えられる。また、『陰徳太平記《いんとくたいへいき》』を完成させた香川景継《かがわかげつぐ》（宣阿《せんあ》）は、吉川家の意向を受け、『関原軍記大成《せきがはらぐんきたいせい》』などほかの軍記類に、吉川家の主張を盛り込む活動を隠密裏に行っていたとされる（山本：二〇〇五）。したがって、軍記類に描かれる広家像は、江戸期に家格上昇運動を展開した吉川家の意向を反映して偶像化されたものである蓋然性が高い。

そこで本章においては、右記のような政治的バイアスを取り除き、できる限り同時代史料を用いて、関ヶ原の戦い時における輝元、広家、恵瓊の関係を再検討することを目的とする。併せて、関ヶ原の戦い以前の三つの出来事（備中高松城の戦い、広家の小笠原家入嗣問題、文禄・慶長の役）の真相を解き明かすことを通じて、関ヶ原の戦い時における輝元、広家、恵瓊の動向に与えた影響や、軍記類における記述の意図について考えていきたい。

備中高松城の戦い

『陰徳太平記』における安国寺恵瓊に関する描写は、関ヶ原の戦い以前から悪意に満ちている。例えば、関ヶ原の戦いと共に毛利氏が迎えた危機的状況の双璧とも言える天正十年（一五八二）の備中高松城の戦い時において、次のような記述が見られる。

本能寺の変勃発の情報に接した羽柴秀吉は、恵瓊を呼び寄せて、高松城主清水宗治《しみずむねはる》の切腹などを条件とする講和を提案したが、毛利両川の吉川元春《もとはる》（広家の父）と小早川隆景《こばやかわたかかげ》に拒絶された。講和成立が延引する間に、毛利方に信長死歿の情報が伝わることを懸念した秀吉は、恵瓊に対して様々な引出物を与えると共に、講和成立の暁には信長へ披露して、恵瓊に所領を与えることを約束した。

元春と隆景の説得は難しいと考えた恵瓊は、独断で清水宗治の説得に赴き、宗治は切腹を決意した。そのことを恵瓊から聞いた秀吉が、「織田・毛利の講和が成立して、こののち両者が東西を平定し、天下が治まることになれば、恵瓊の忠功が第一です。抜群の恩賞を与えられることでしょう」と言ったので、信長死歿を知らない恵瓊は、この講和を成し遂げれば多くの所領が与えられるだろうと思い、頭を振って一人ほくそ笑んだ。

このような記述からは、秀吉の目論みを見抜くことのできない愚かな人物であるうえに、強欲で、毛利氏のことよりも私欲を重視する人物としての恵瓊像が浮かび上がる。

しかし、講和（停戦）成立の実態は異なると考えられる。来島《くるしま》水軍・高畠《たかばたけ》水軍などの離反によって、備讃海峡の制海権はほぼ織田方の掌握するところとなった結果、毛利勢は物資の輸送に支障を来たしていた。毛利家の縁戚にあたる上原元将《うえはらもとまさ》が毛利方から離反したほか、備中高松城周辺の在地領主層のみならず、後背地の国人領主層の離反も懸念され、毛利氏領国は混乱状況に陥りつつあった。

また、輝元の祖父元就《もとなり》は、備後国支配に影響を与えるほどの大敗でなければ、備中国における支配圏縮小は容認することを指針としていた。高松城周辺を失ったとしても、秀吉が撤退して、備中国の過半を維持できるのであれば、高松城を見捨てて停戦するという判断を正当化することができ、毛利氏の体面も保つことができる。

宗治の切腹を条件とする停戦成立は、恵瓊が私欲に駆られて独断で推し進めたのではなく、毛利氏がその時点で採り得る最良の策を、輝元・元春・隆景ら首脳部が協議のうえで受け容れたものと推測される。したがって、『陰徳太平記』における備中高松城の戦い時における恵瓊の描写は、関ヶ原の戦いにおける毛利氏の失態が恵瓊の資質に起因することを仄めかすために捏造された可能性を指摘できよう。

小笠原家入嗣問題

石見国邑智《おおち》郡川本地域（現、島根県川本町）に拠点を置く国人領主小笠原《おがさわら》家は、吉川家から養子を迎えることを画策し、天正七年（一五七九）末から天正八年（一五八〇）初頭に、元春の三男経言《つねのぶ》（のちの広家）の入嗣を要請した。入嗣を強く希望した経言は、輝元の許可が遅延すると、自ら吉田《よしだ》郡山《こおりやま》城（現、広島県安芸高田市）へ赴き、輝元へ強訴しようとして元春に止められる、という事件を起こした。ところが、輝元の最終判断は不許可だった。その理由は、毛利家に対して遅くまで抵抗を続けていた小笠原家が実質上一門として処遇された場合、ほかの国人領主が不満を抱くこと、小笠原領に近接した石見銀山経営が混乱すること、その結果、毛利家あるいは吉川家が危機に陥り、毛利・吉川・小早川の三家のうち一家の危機は、毛利家全体の滅亡に繋がることなどであり、経言に入嗣を断念するよう元春に対して説得を依頼した。

そこで元春は、妻（経言の母。新庄局）と二人で説得にあたったが、経言は納得せず、小笠原家への入嗣を強行するとまで言って、両親を困らせた。最終的には経言も断念したのであるが、輝元はなぜ強硬に反対したのか。毛利家当主としての権限を、元春・隆景らによって規制されていた輝元にとって、吉川家がさらに勢力を増すことは容認できるものではなかった。輝元の吉川家に対する警戒心が、経言の小笠原家入嗣を阻んだと考えられる（村井：二〇一〇）。

また輝元は、入嗣を強硬に主張する経言について、短慮で、悪だくみをする人物の誘いに乗ってしまう愚かな人物という印象を述べており、この一件を通じて、輝元の経言に対する信頼感が大きく損なわれ、経言の評価が低下したことに注目しておきたい。

文禄・慶長の役

『陰徳太平記』においては、天正二十年（一五九二）から始まった文禄・慶長の役における吉川広家の活躍が華々しく描かれている。中でも、「朝鮮ノ都河下之城攻之事」における記述は興味深い。「河下之城」とは、朝鮮の都である漢城《かんじょう》（ハンソン。現、ソウル）の西方に位置する幸州山城《こうしゅうさん》（ヘンジュサンソン。現、高陽市）を指す。文禄二年（一五八三）二月に、この城をめぐる戦闘が起こったのだが、『陰徳太平記』においては次のように描かれている。

城攻めの指揮をとったのは、秀吉から派遣された三奉行（石田三成・増田長盛《ましたながもり》・大谷吉継）だったが、三成はずる賢い人物で、一見すると智将に見えるが、実際には軍事に疎い人物だった。そのため、幸州山城攻めにおいて先陣を務めた三成らは失敗したが、後陣の広家は敵を討ち捕る武功を挙げた。ところが三成は、その武功を秀吉へ報告しなかった。その理由として、元春・元長《もとなが》（広家の兄）・広家は、恵瓊のことをずる賢くて、偽りを言う「売子僧」だとして憎んでおり、一方、恵瓊は三成に対していつも広家を讒言していたため、三成と広家は不仲だった。

また、慶長三年（一五九八）一月の蔚山《うるさん》城の戦いにおける広家の武功に対する恩賞については、次のように描かれている。

秀吉は、武功を挙げた広家に対して東伯耆や因幡国において加増しようと考えた。しかし、三成と恵瓊が示し合せて、広家に多くの所領を与えて大軍を指揮させることは危険であると讒言したため、加増は取り止めになった。

ここでも、三成と広家との不和、恵瓊が毛利家を危機に陥らせる佞人《ねいじん》であることが強調されている。

しかしながら、これらの記述の信憑性は低い。まず前者について、小早川隆景勢として従軍していた梨羽景宗《なしわかげむね》が元和末年以降に語った内容を記した『梨羽紹幽物語《なしわじょうゆうものがたり》』には、『陰徳太平記』に描かれているような三成や恵瓊の佞人ぶりは記されておらず、広家も負傷したことが記されているだけである。後者についても、蔚山城の戦いの際に武功を挙げた毛利氏家臣は多く、広家のみを加増することは考えがたい。加増地候補とされた伯耆や因幡についても、広家領とする検討が行われた形跡は全くない。

文禄・慶長の役をめぐる『陰徳太平記』の記述においては、広家と同様に三成と対立する武将として、黒田長政《くろだながまさ》や加藤清正《かとうきよまさ》、蜂須賀家政《はちすかいえまさ》らが描かれており、彼らが関ヶ原の戦いの際、東軍に参加したことから推測すると、広家と三成・恵瓊との不和を描いた『陰徳太平記』の記述は、関ヶ原の戦いにおける対立軸を示唆する意図を持ったものと言えよう。

蔚山城の戦いの際には、豊臣・毛利間の取次《とりつぎ》を務めていた三成や増田長盛が、毛利勢の失態を隠蔽して戦功のみを注進し、逆に、黒田長政や蜂須賀家政は譴責されるという結果を招いたとされる（津野：二〇〇二）。広家自身が慶長十九年（一六一四）十一月十一日に、三成に対する所存を記した覚書（『大日本古文書　家わけ第九　吉川家文書』（以下『吉川』）九一八）にも蔚山の一件が含まれているが、実際には慶長三年（一五九八）正月十七日付けで秀吉朱印状を受給して、小袖などを賜っており（『吉川』七八二）、広家の加増を三成が妨げたとは考えがたい。仮に、慶長十九年の覚書に記された広家に対する三成の薄遇が事実だとしても、広家自身も三成の薄遇に恵瓊が関与していたとは記していない。

そこで次項では、関ヶ原の戦い以前の同時代史料に見られる広家と恵瓊との関係を見ていきたい。

関ヶ原の戦い以前の広家と恵瓊

文禄・慶長の役頃の広家と恵瓊については、これまで対立関係にあったと考えられてきたが、同時代史料を見ると、必ずしもそうとは言えない。例えば、文禄四年（一五九五）に広家が西生浦《せいせいほ》（ソセンポ。現、蔚山広域市）在番を命じられた際には、恵瓊と同道している（『吉川』別集六〇五）。朝鮮から広家が帰国していた間においても、伯耆国銀山の広家への安堵を、増田長盛経由で秀吉に取り次いでいる（『吉川』七九〇）。また恵瓊は、帰国した際に広家と直接会って話がしたいと記しており、少なくとも表面的には、恵瓊が広家をぞんざいに扱っていた状況は見えない。

さらに慶長四年（一五九九）七月、広家が豊臣政権の五奉行浅野長政《あさのながまさ》と喧嘩沙汰を起こした際、恵瓊は体調不良にもかかわらず、その解決に尽力している（『吉川』九〇七）。

これらの事例から、恵瓊は毛利輝元を支える年寄であり、かつ豊臣政権に強いパイプを持つという特徴を生かして、毛利家の有力な一門である吉川家の利益のためにも活動していたことが判明する。したがって、広家自身がどのように認識していたかは別として、恵瓊が三成と結託して広家を讒言していたとは考えられない。『陰徳太平記』やその原型である『陰徳記《いんとくき》』（香川景継の父正矩《まさのり》の編纂）には、恵瓊を悪者に仕立て上げるための様々なエピソードが盛り込まれ、最終的に恵瓊にすべての責任を押しつけることによって、広家を正当化しようとしたとする渡邊大門氏の指摘は正鵠を射ている（渡邊：二〇一二）。

関ヶ原の戦い直前の広家の位置づけ

慶長五年（一六〇〇）五月、会津を領有する上杉景勝《うえすぎかげかつ》が、上洛命令に従わなかったことから、徳川家康の主導によって会津攻め（上杉氏征討）が決定された。毛利氏においては、広島へ帰国した輝元に代わって、広家と恵瓊を指揮官として出兵させることとしていたが、自領の出雲富田《とだ》（現、島根県安来市）に帰っていた広家の出立は遅延していた。

六月二十日付け毛利輝元書状写（山口県文書館所蔵「毛利家文庫　譜録」ま二九、以下「譜録」）には、「関東方面への出兵に関して、広家からの使者として桂春房《かつらはるふさ》がやって来て、安国寺恵瓊との間に関する様々な理由を述べた。いろいろと言っている間に出陣の予定が遅れたのでは、けしからぬことである」とあり、広家と恵瓊との間の問題が遅延の理由だった。したがって、少なくとも広家の側には、この時点において恵瓊に対して不信感を抱く何らかの事情があったことを窺わせる。

あるいは、恵瓊との役割分担に不満があったのかもしれない。文禄の役以降、広家は吉川家家中のみで構成される単独の軍事組織を率いており、元春や元長が有していた主に山陰方面の国人領主層に対する軍事指揮権を失っていた。慶長の役の頃になると、毛利氏の軍事力編成は組編成へと移行するが、広家が組の指揮官となることは一度もなく、吉川家家中のみを率いている。次項で見ていくが、関ヶ原の戦いに至る一連の軍事行動においても、広家は吉川家家中のみを率いており、ほかの毛利氏家臣に対する指揮権を有していない。これらの事例から推測すると、会津攻めにおける毛利氏家臣（吉川家家臣を除く）に対する指揮権は、恵瓊に委ねられる予定だったと考えられる。そのような恵瓊との指揮権の差異が、広家の不満だった可能性もあろう。

政務の面においても、毛利氏領国の運営を担っていた元春とは異なり、広家が毛利氏領国の運営について関与した形跡はない。小笠原家入嗣問題をめぐって輝元に植えつけられた広家に対する低評価に加え、文禄・慶長の役以降、輝元は自らが登用した出頭人《しゅっとうにん》（主君の寵愛を得て権勢をふるう者のこと）を中心とする専制的政治体制を志向した結果、広家は毛利氏中枢から排除された。輝元の自発的な意思であって、恵瓊の讒言によって遠ざけられたのではない。

三成の挙兵と輝元、広家、恵瓊

七月十四日付け榊原康政《さかきばらやすまさ》（徳川家康の重臣）宛て広家書状（『吉川』九一二）によると、上坂途中に恵瓊が密かに近江佐和山《さわやま》（現、滋賀県彦根市）へ赴き、三成・大谷吉継と会談して、反徳川闘争を企んでいるとの情報に接した広家は、恵瓊が輝元の命に基づくものとしていることを否定し、輝元は事情を理解していないことを家康に伝えようとした。この書状が、毛利氏の西軍への参加は恵瓊の独断であり、輝元は恵瓊の策謀に巻き込まれた被害者であるとの説の根拠となってきた。

しかし、七月十二日付けで豊臣三奉行（前田玄以《まえだげんい》・増田長盛・長束正家《なつかまさいえ》）から上坂を要請された輝元が、出立を即断して、その日のうちに広島を舟で出発していることは、輝元が上坂要請以前から反徳川闘争計画に直接関与していたことを窺わせる。仮に恵瓊の偽情報によって輝元が騙されて上坂を決意したとしても、その日のうちに移動に用いる舟や供奉《ぐぶ》する家臣およびそれに付随する武具・兵粮の手配などの準備を整えることは不可能だろう。決起に備えて、あらかじめ準備していた蓋然性が高い。輝元は、恵瓊の策謀に巻き込まれた被害者ではなく、恵瓊は輝元の意向に沿って、三成らと挙兵計画を練ったと考えるべきである。

また、七月十四日付け広家書状は、結局発送されなかった。その理由について、広家はのちに、発送前に輝元が大坂に到着してしまったので、輝元は前後の様子を知らないとの文言が偽りになるから発送しなかったと述べている。ところが、輝元が大坂に向けて広島を出立したのが十五日であるから、輝元上坂の情報を広家らが得るのは、いくら早くても十七日頃と思われる。

つまり、十三日・十四日に作成された書状を発送する時間的余裕は、十分にあったのである。そうすると、①実際にはこれらの書状は当時作成されておらず、関ヶ原の戦い終結後に広家らが自己の立場を有利にするため偽造したか、②作成されたが、その直後に恵瓊から輝元も了解している証拠を提示されたために発送されなかった、という二つの可能性が考えられる。いずれにせよ、広家が一貫して親徳川であり、恵瓊の画策した反徳川闘争に否定的であったとは言えない。

毛利氏不戦の密約

七月十九日に大坂城へ入城した輝元は、関ヶ原の戦い終結まで大坂城から動かなかった。一方、広家と恵瓊は、八月に東軍に属した伊勢安濃津城《あのづ》（現、三重県津市）を攻略したのち、九月十日頃に南宮山《なんぐうさん》（現、岐阜県垂井町）へ着陣した。

南宮山の毛利勢について、通説では広家と毛利秀元《ひでもと》が総大将だったとされる。総兵力約一万五千うち、最大兵力は秀元の約四千、次いで広家の約三千、恵瓊組は約二千と推測される（光成：二〇一四）。このうち、秀元勢の約三分の一は、慶長四年（一五九九）の秀元への給地分配の際に秀元家臣とされた国人領主層によって占められており、これらの国人領主層は秀元直属家臣団とは区別され、秀元の直接的な指揮権は及ばなかったものと考えられる。そうすると、直属兵力数においては広家勢が最大となるが、広家と共に不戦の密約に関わった福原広俊《ふくばらひろとし》組の兵力を合わせても、全体の三分の一程度であり、兵力数のみを考えると、毛利勢の動向を左右する存在ではなかった。

次に、恵瓊自体は大名としての家臣を有していた可能性は低いとされるが（津野：二〇一二）、関ヶ原の戦い時には、有力な国人領主層や小早川隆景の旧臣層を率いるなど、軍事指揮能力を輝元から高く評価されていたことが窺える。また、恵瓊の指揮権限は文禄・慶長の役の時よりも拡大しており、文禄・慶長の役における恵瓊の軍事指揮が、指揮下にあった給人からも評価されたことを背景にしたものと考えられる。したがって、文禄・慶長の役の際にその指揮下にあった有力国人益田元祥《ますだもとよし》との関係も良好だったと推測される。

七月二十二日に、輝元から「万事を恵瓊と協議するように」と命じられていた元祥は、その後、安濃津方面への陣替えが遅延した秀元の督促にあたっている（「譜録」）。したがって、秀元の行動も恵瓊の規制下にあったと考えられ、安濃津から南宮山へと転戦した毛利勢は、輝元の決定した基本方針に基づき、恵瓊の統括の下に行動していたと評価すべきである。

さらに、九月十二日付け益田元祥・神村元種宛て輝元書状写（「譜録」）から、出陣した毛利勢に対する輝元の指示が、恵瓊と広俊を通じて伝えられていたことが窺える。密約に関する明示的な指示が輝元からあった可能性は低いと考えられるが、輝元および輝元側近からの何らかの示唆、あるいは輝元の意向を忖度して、広俊が黒田長政ルートを有する広家と協同して、不戦工作を行ったと推測され、恵瓊も工作の遂行を知っていた蓋然性が高い。広家が恵瓊と協議のうえで役割分担をしていたとは考えられないが、広家と恵瓊が全く別の方向を志向していたとも言えない。戦闘の行方の如何にかかわらず、毛利家が存続できるようにするという輝元の思惑によって、それぞれが動かされていたと考えられるのである。

関ヶ原の戦い直後の広家書状案

関ヶ原の戦いにおける毛利勢の不戦を物語る史料として活用されてきた広家書状案（『吉川』九一三）

についても、再検討が必要である。この書状案は、関ヶ原の戦いの翌々日（九月十七日）に作成された体裁をとっているが、発送された形跡はなく、実際の作成がいつだったのか不明である。仮に十七日の作成が事実だとしても、戦い終結後の広家の主張を全面的に信用することはできない。

その内容を見ると、広家勢が毛利勢の最前線に布陣したとする一方で、別の部分には、南宮山山頂の陣から下る最前列に恵瓊が配置されていたことが明白に記されている。自身が最前線に布陣したとする広家の記述は、恵瓊や秀元らの出撃を広家が押しとどめることによって、家康の勝利に貢献したことを主張するための捏造である蓋然性が高く、毛利勢の先陣は恵瓊だったと考えられる。

広家書状案には「長束正家や恵瓊は出撃しようとしたが、広家と広俊があしらった結果、正家や恵瓊は出撃できなかった」とあるが、最前列に位置していた恵瓊は、広家や広俊の動向に左右されることなく、出撃できたはずである。反徳川闘争決起の責任を恵瓊のみに負わせるためには、恵瓊が戦闘参加に積極的だったことにする必要があった。このため広家は、恵瓊が出撃しようとしたと記したのであるが、実際には、関ヶ原における毛利勢の不戦には、恵瓊の黙示的了承があったものと推測される。

これらのことから、関ヶ原の戦い直後のものとされる広家書状案は、広家が徳川氏との不戦密約締結の最大の功労者であり、その結果、毛利氏が危機を脱することができたことを強調するために作成されたものと結論づけることができ、その内容の信憑性は検証を要するのである。

通説に対する挑戦

江戸期の兵法家・宮川忍斎《みやがわにんさい》によって正徳三年（一七一三）に成立したとされる『関原軍記大成』には、毛利氏に関する記述が多く含まれている。それらの記述の中には、現在でも通説として流布しているものが少なくない。代表的なものとして、先に見た①三成挙兵時の広家の対応、②関ヶ原における不戦のほか、毛利氏存続に関する記述が挙げられる。

毛利氏存続の経緯に関する通説は、次の通りである。関ヶ原の戦い直前の不戦の密約に基づき、輝元は所領を安堵されるものと信じて、戦い終結後に大坂城から退去した。ところが家康は、輝元の所領をすべて没収し、広家に一、二ヶ国を与えるとした。これに対して、広家は家康の方針を断り、本宗家の存続を懇願した結果、輝元・秀就に対して防長二国が給与された。

このような通説の根拠とされているのが、『関原軍記大成』にも引用されている、十月二日付け（A）および同三日付け（B）広家宛て黒田長政書状と、十月三日付け福島正則《ふくしままさのり》・黒田長政宛て広家起請《きしょう》文《もん》（C）という三通の史料である。ところが、この三通の史料は、現在では『吉川家譜』に収録が確認されるものの、『吉川家文書』などの現存史料において、その存在を確認することができない。吉川家にとっては、本宗家の危機を救ったことを示す最も重要な文書の一つであるにもかかわらず、正文が現存していないことは不自然である。また、文言の面から見ても、Cにおいては、当該期の毛利氏関係の文書には見られない「本家」という表現を用いており、偽文書である蓋然性は高い。

岩国《いわくに》藩が忍斎に対して「證文」を見せたこと、その「證文」とはA〜Cなどであること、忍斎がそれらの史料をもとに、『関原軍記大成』における毛利氏存続の経緯に関する記述を行ったことが明らかにされている（山本：二〇一二）。したがって、現在の通説は、広家を本宗家存続の殊勲者であることを強調するために偽作された史料をもとに形成された蓋然性が高く、実証的根拠を欠いているのである。

先に見た①と②についても、その根拠とされる史料の正文は現存するものの、発送された形跡はなく、また、その作成時期がリアルタイムではなかった可能性もある。とりわけ、関ヶ原の戦い直後に作成された広家書状案については、関ヶ原における西軍の敗北を前提として、広家が自らを正当化しようとして作成したものであり、その記述内容については、ほかの同時代史料を用いて丹念に検証する必要がある。

関ヶ原の戦いで敗戦に至った責任をすべて恵瓊に転嫁し、広家は毛利氏の危機を救った忠臣、輝元は恵瓊に騙された凡将とする通説的理解は、吉川家が関わった軍記類によって広く流布され、定説化していった。多くの人が信じている通説にも意外な盲点があり、定説が政治的意図をもって形成されていく危険性を指摘して、結びに代えたい。

主要参考文献

参謀本部編『日本戦史　関原役』（村田書店、一九七七年）

津野倫明「蔚山の戦いと秀吉死後の政局」(『ヒストリア』一八〇号、二〇〇二年)
津野倫明『長宗我部氏の研究』(吉川弘文館、二〇一二年)
徳富蘇峰『近世日本国民史　徳川家康(一)家康時代―関原役』(講談社学術文庫、一九八一年)
光成準治「軍事力編成からみた毛利氏の関ヶ原」(谷口央編『関ヶ原合戦の深層』高志書院、二〇一四年)
村井祐樹「毛利輝元と吉川家」(池享編『室町戦国期の社会構造』吉川弘文館、二〇一〇年)
山本　洋「『陰徳太平記』の成立事情と吉川家の家格宣伝活動」(『山口県地方史研究』九三号、二〇〇五年)
山本　洋「『関ヶ原軍記大成』所載の吉川家関連史料をめぐって」(『軍記物語の窓　第四集』和泉書院、二〇一二年)
渡邊大門『戦国の交渉人――外交僧・安国寺恵瓊の知られざる生涯』(洋泉社歴史新書y、二〇一一年)
渡辺世祐監修『毛利輝元卿伝』(マツノ書店、一九八二年)

第11章
徳川家康の「問鉄炮」は真実なのか

白峰　旬

通説で踏襲されてきた「問鉄炮」の話

慶長五年（一六〇〇）に行われた関ヶ原の戦いは、これまで一般向けの歴史書や歴史雑誌で取り上げられる機会が多く、そうした中で、現在の我々がよく知っているお決まりのストーリーが繰り返し再生産されてきた。そのため、関ヶ原の戦いについては、その経過も含めて、もうこれ以上、新しい歴史的事実は出てこないのではないか、というのが一般的な認識だろう。

ところが、関ヶ原の戦いに関するお決まりのストーリーというのは、一次史料（同時代史料）に基づいて厳密に検証されたものではなく、江戸時代の軍記物（現代的に言えば小説にあたる）などに基づく架空の話が、通説の見解に巧妙に入り込んでいて、それを一〇〇％信じ込まされている、というのが現状である。

よって、関ヶ原の戦いについての通説における話の内容が歴史的事実であるのか、あるいは、面白く捏造された架空の話であるのか、という点を判別するための検証作業が必要になってくる。

関ヶ原の戦いに関するいろいろな話の中でも、九月十五日当日、去就を明確にしない小早川秀秋《こばやかわひであき》の陣に向かって鉄炮を一斉射撃させた、いわゆる「問鉄炮《といでっぽう》」の話は、非常に著名である。

この話の展開自体が非常にドラマチックであるためか、歴史物のテレビドラマなどでもこれまで取り上げられることが多く、近年では、一昨年のNHK大河ドラマ「軍師官兵衛《ぐんしかんべえ》」でも「問鉄炮」のシーンが再現されていた。もっとも、「軍師官兵衛」では鉄炮（火縄銃）だと射程距離の関係で届かないと考えたのか、鉄炮ではなく大筒（大砲）を使用していたので、この場合は「問大筒」と言ったほうがよいのかもしれない。

しかし、大筒の使用方法としては、慶長五年七月の伏見城攻めにおいて、豊臣公儀の軍勢（石田・毛利公儀軍）が築山を築き、そこに大筒・石火矢《いしびや》を置いて使用しており（白峰：二〇一六）、城外の高い位置から狙って攻撃していることからすると、上述の「軍師官兵衛」のように、大筒で下から上を狙うというのは、あまり現実味がないように感じる。

「問鉄炮」の話の内容

一般向けの歴史書で、「問鉄炮」の話を載せている書籍は多いが、その中の代表的なものとして、高柳光寿監修『日本の合戦』に収録された桑田忠親「関ヶ原の戦」（桑田：一九六五）では、小早川秀秋の裏切りの場面について、次のように記されている。

勝敗は、正午頃になっても容易に決しなかった。家康は、伝令を黒田長政のもとにつかわし、小早川秀秋の進退について質問させた。しかし長政は、「もし、秀秋が東軍に応じなかったなら、前面の敵勢を破り、それから後に、秀秋の部隊を撃破すればよろしかろう」と答えた。余りにも心もとない返事であった。家康は、手の爪をかみながら、「小わっぱめが。見あやまったか」といって、秀秋のことを信用したのを後悔したといわれる。しかし、くやしがってばかりもいられないので、秀秋の向背をためすために、松尾山に向かって数発の一斉射撃を行なわせた。最後の手段であった。ところが、この一斉射撃をうけた小早川秀秋は、切羽《せっぱ》つまったと見えて、にわかに、西軍にたいする反撃の命令を部下にくだした。その結果、六百の銃卒が大谷吉継隊に向かって一斉射撃をあびせ、ついで、別隊がなだれをうって突撃した。

この記載からは、九月十五日の正午頃になっても小早川秀秋が去就を明確にしない→その態度に苛立った家康が小早川秀秋の陣がある松尾山《まつおやま》に向かって一斉射撃を行わせた→それに驚いた秀秋が裏切りを決意して小早川隊が一斉に大谷吉継《おおたによしつぐ》隊を攻撃した、という一連の経過がわかる。

この経過は、よく知られている「問鉄炮」の話そのものであり、その後も歴史的事実であると信じられ、現在まで通説として踏襲されてきた。

「問鉄炮」の話が成立するための前提とは

この「問鉄炮」の話が成立するための前提として、

①九月十五日の合戦開始の時点で、小早川秀秋が松尾山に布陣していた、

②九月十五日の合戦当日、正午頃まで小早川秀秋は徳川家康方、石田三成方の両軍勢のどちらについて戦うのか去就を明確にしていなかった（つまり、九月十五日正午頃まで秀秋は軍事行動を起こしていなかった、あるいは九月十五日正午頃まで秀秋は裏切っていなかった）、

③九月十五日正午頃の時点で、まだ両軍の戦闘は膠着状態で勝敗の行方がわからず、勝敗の決着はついていなかった、

ということが立証されなければならない。

しかし、この三つの点は、一次史料によって立証することはできない。特に①については、現在、「問鉄炮」の話があまりにも有名になりすぎたためか、九月十五日の合戦開始の時点から正午頃まで、秀秋が松尾山からじっと動かずに布陣していたという固定観念に、歴史家も含めて多くの人々がとらわれてきたが、このことを明記した一次史料は皆無なのである。

開戦時に、小早川秀秋は松尾山に布陣していたのか

関ヶ原の戦いに参戦した島津家家臣の史料（『旧記雑録後編三』〔鹿児島県：一九八三〕収載）である「某覚書」（史料番号一三四〇。以下、特に断らない限り、史料番号は『旧記雑録後編三』のものである）には、戦いが行われた時点で、大谷吉継の備《そなえ》（陣）の後ろの岡に小早川秀秋の備（陣）があった、と記されていることは注目される。

このことは、開戦時には小早川秀秋が松尾山の山上（松尾山城）に布陣していたのではなく、松尾山の前に位置する小高い岡（通説の布陣図で脇坂安治《わきさかやすはる》などの諸将が布陣したとされている位置〔現、岐阜県不破郡関ヶ原町藤下〕）まで移動して布陣した可能性を示している。小早川秀秋が松尾山の山上（松尾山城）に布陣して動かなかった場合は、周囲の戦況の変化が確認できないので、松尾山よりさらに前方（東方）に進出（移動）して布陣し、戦況の変化を十分確認したうえで、大谷吉継を背後から攻撃したと考えたほうが整合的に理解できる。

上述したように、開戦時において小早川秀秋が松尾山に布陣していたとする一次史料は、管見の限りでは確認できないので、そもそも開戦時における小早川秀秋の布陣位置を松尾山に固定して考える必要はない。

従来の通説による布陣図をもとに考えた場合、ともすれば、小早川秀秋や大谷吉継の布陣位置を固定して考えがちであったが（通説の布陣図では、小早川秀秋は松尾山、大谷吉継は山中《やまなか》〔現、岐阜県不破郡

関ケ原町山中」に布陣していた、とする）、戦況は常に変化するものであるから、戦況の変化に合わせて適宜移動したと想定すべきだろう。

このことは、小早川秀秋や大谷吉継に限らず、ほかの諸将の場合も同様である。福田誠氏が「戦国時代の合戦は近現代戦のごとく面を制するように戦うのではなく、海戦のように敵部隊の捕捉撃滅を狙って城から出撃し、決戦に持ち込むべく移動する、というものであった。（中略）両軍とも決戦場を想定して出陣し、その予想地点で遭遇すれば合戦となる」（福田：二〇〇八）と指摘しているように、諸将の部隊が「敵部隊の捕捉撃滅を狙って」、「決戦に持ち込むべく移動する」という当時の軍事的セオリーを考慮すべきだろう。

大谷吉継はどこに布陣したのか

それでは、戦いが行われた時点で、大谷吉継が山中に布陣していなかったとすると、どこに布陣していたのか、ということが問題になる。

九月十五日当日の戦闘経過を時系列で考えると、島津家家臣の史料である「神戸五兵衛覚書」（史料番号一三三〇）と「神戸久五郎覚書」（史料番号一三三二）の記載によれば、九月十五日早朝、真っ先に大谷吉継の陣が家康方軍勢の攻撃を受けて激戦が展開されたが、裏切った小早川秀秋の攻撃を受けて大谷吉継の陣は壊滅した。島津家家臣の史料である「某覚書」（史料番号一三四〇）の記載では、大谷吉継が攻撃されたのは、宇喜多秀家《うきたひでいえ》が攻撃されたあととしているが、島津家家臣の史料である「慶長五年於関ヶ原御合戦之砌、木脇休作殿働之次第、神戸五兵衛覚書写」（史料番号一四〇四）では、大谷吉継が戦死したあと、宇喜多秀家、石田三成の陣が追い崩された、としているほか、「黒木左近・平山九郎左衛門覚書」（「関ヶ原御一戦之大抵」）（史料番号一四〇五）では、一戦前（石田三成方軍勢の主力本隊と家康方軍勢が戦う前）に、大谷吉継の陣を小早川秀秋が攻め破った、としているので、時系列としては、「神戸五兵衛覚書」（史料番号一三三〇）、「神戸久五郎覚書」（史料番号一三三二）の記載のほうに信憑性がある。

大谷吉継の陣が家康方軍勢と小早川秀秋の軍勢に挟撃された、ということは、大谷吉継が最前線のかなり突出した位置、つまり北国から着陣した当初の山中エリアから東方（前方）に移動し、関ヶ原エリアに進出して布陣していたことを示している。

通説による解釈との違い

従来の解釈のように、大谷吉継は通説の布陣図で示されている松尾山の麓に近い位置（最前線からはかなり離れた後方の位置）に、開戦時までずっと留まって動かずに布陣していたのではなく、石田三成方軍勢の主力本隊（石田三成、宇喜多秀家、小西行長《こにしゆきなが》、島津豊久《とよひさ》、島津義弘《よしひろ》など）が大垣《おおがき》城を出て、山中エリアへ着陣する前に合流せず、単独で最前戦へと進出し、それと同時に小早川秀秋も松尾山の山上（松尾山城）から松尾山の前に位置する関ヶ原エリアの小高い岡（通説の布陣図で脇坂安治などの諸将が布陣したとされている位置）まで移動して（つまり、関ヶ原エリアまで移動して）布陣した可能性が高い。この時点では、小早川秀秋が裏切る前だったので、大谷吉継は背後の岡に布陣した小早川秀秋を味方と考え、警戒していなかったと思われる。

よって、開戦時（九月十五日早朝）には大谷吉継は山中エリアに布陣した石田三成方軍勢の主力本隊（石田三成、宇喜多秀家、小西行長、島津豊久、島津義弘など）とは離れた、より東方（前方）の突出した位置に布陣しており、その布陣位置は家康方軍勢に最も近い位置（最前線）にあったということになる。

石田三成方の軍勢の有力部将の中で戦死したのが大谷吉継だけであった、というのは、最初の激戦で家康方軍勢の集中攻撃を受けたことと、裏切った小早川秀秋の軍勢に背後から攻撃を受けたことによるものと考えられる（つまり、完全に挟撃されて逃げ場がなかった）。このように考えると、石田三成方の軍勢の有力部将の中で戦死したのが大谷吉継だけだった理由がよく理解できる。なお、石田三成方の部将クラスでは島津豊久も戦死したが、時系列で考えると、島津隊の撤退の過程で戦死したので、大谷吉継の戦死とは状況が異なる。

小早川秀秋はいつの時点で裏切ったのか

一九九頁の②と③で指摘したように、「問鉄炮」の話が成立するためには、九月十五日の合戦当日、正午頃まで小早川秀秋は去就を明確にしていなかった、ということ、および同日正午頃の時点で、まだ両軍の勝敗の決着はついていなかった、ということが前提として立証されなければならない。

しかし、一次史料でこうした点を立証することはできない。これまで関ヶ原の戦いを特集した一般向けの歴史雑誌や関ヶ原の戦いに関する一般の歴史書では、九月十五日の合戦当日、正午頃まで小早川秀秋は去就を明確にしておらず、同日正午頃の時点で、まだ両軍の勝敗の決着はついていなかった、と繰り返し説かれてきたが、こうした見解の史料的根拠は、一次史料によるものではなく、『関原軍《せきがはらぐん》記大成《きたいせい》』など江戸時代の軍記物の記載に依拠しているにすぎない。

一次史料としては、関ヶ原の戦いが行われた九月十五日の翌々日にあたる九月十七日付けで、石川《いしかわ》康通《やすみち》と彦坂元正《ひこさかもとまさ》が連署して松平家乗《まつだいらいえのり》に対して出した連署状（〔慶長五年〕九月十七日付け松平家乗宛て石川康通・彦坂元正連署状写」〔福岡市：二〇一〇〕）に次のような記載がある。

> （前略）去る（九月）十四日、（家康は）赤坂に着き、十五日巳の刻（午前十時頃）、（家康が）関ヶ原へ出陣して一戦に及んだ。石田三成、島津義弘、小西行長、宇喜多秀家の四人は、（九月）十四日の夜五ツ（午後八時頃）時分に大垣（城）の外曲輪を焼き払い、関ヶ原へ一緒に押し寄せた。この地の衆（尾張衆）、井伊直政、福島正則が先手となり、そのほか（の諸将が）すべて次々と続き、

敵が切所（要害の地）を守っているところへ出陣して、戦いをまじえた時（開戦した時）、小早川秀秋、脇坂安治、小川祐忠・祐滋父子の四人が（家康に）御味方して、裏切りをした。そのため、敵は敗軍になり、追い討ち（追撃）によって際限なく（敵を）討ち取った。（討ち取った敵の）大将分は、大谷吉継、島津忠恒《ママ》、島左近、島津豊久、戸田勝成、平塚為広、このほかを討ち取った。（後略）（注：傍線は引用者）

このように、開戦と同時に小早川秀秋などが裏切ったため、敵は敗軍になった、とはっきりと書かれている（右史料の傍線部参照）。

『十六・七世紀イエズス会日本報告集』の記載

右の九月十七日付け連署状を出した石川康通は、それまでは尾張清須《きよす》城（愛知県清須市）の番手《ばんて》（在番）をしていて、九月十七日の時点では彦坂元正と共に近江佐和山《さわやま》城（滋賀県彦根市）の在番をしていたと考えられる。この連署状を送られた松平家乗は、三河吉田《よしだ》城（愛知県豊橋市）の番手（在番）だった。

よって、関ヶ原の戦い（九月十五日）の翌々日にあたる九月十七日付けでこの連署状が出された点や、徳川家の関係者間での関ヶ原の戦い当日の戦況とその結果に関する速報である点を考慮すると、この連署状の内容は、かなり信憑性が高いと考えられる。

このほか、『十六・七世紀イエズス会日本報告集』（松田：一九八八）には、関ヶ原の戦いについて「彼

（＊徳川家康）は敵と戦闘を開始したが、始まったと思う間もなく、これまで奉行たち（＊石田三成など）の味方と考えられていた何人かが内府様（＊家康）の軍勢の方へ移っていった。彼らの中には、太閤様（＊豊臣秀吉）の奥方の甥であり、太閤様から筑前の国をもらっていた（小早川）中納言（金吾秀秋）がいた。（中略）こうして短時間のうちに奉行たちの軍勢（＊石田三成方の軍勢）は打倒され、内府様は勝利をおさめた。」（＊と傍線は引用者）と記されている。

この記載からは、小早川秀秋の裏切りが開戦と同時に行われたことがわかり、「（慶長五年）九月十七日付け松平家乗宛て石川康通・彦坂元正連署状写」の記載内容を裏づけている。さらに、小早川秀秋の裏切りによって短時間で石田三成方の軍勢が敗北したという記載も注目される。

開戦の時刻は何時頃か

「（慶長五年）九月十七日付け松平家乗宛て石川康通・彦坂元正連署状写」では、小早川秀秋などが裏切った時刻を開戦した時、としている。開戦の時刻については、巳の刻（午前十時頃）に家康が関ヶ原へ出陣して一戦に及んだ、としているので、巳の刻ということになる。

しかし、島津家家臣の史料（「某覚書」、史料番号一三四〇）によれば、この巳の刻に始まった戦いというのは、山中エリアに布陣した石田三成方軍勢の主力本隊（石田三成、宇喜多秀家、小西行長、島津豊久、島津義弘など）に対して家康方軍勢が攻撃を開始した時間であったことがわかる。

つまり、石田三成方軍勢の敗北過程は、時系列として、九月十五日早朝に最前線で家康方軍勢が大谷吉継隊を攻撃し、家康方軍勢と裏切った小早川秀秋の軍勢の挟撃によって大谷吉継隊が壊滅した第一段階（この時の戦場は関ヶ原エリア）、その後、同日巳の刻（午前十時頃）、家康方軍勢の主力が山中エリアに布陣した石田三成方軍勢の主力本隊を正面から先制攻撃して即時に追い崩した第二段階（この時の戦場は山中エリア）というように考えられる。

このように考えると、戦場は「関ヶ原」と「山中」の二ヶ所であり、戦場の位置比定としてはどちらも正しい、ということになる。

なお、小早川秀秋が関ヶ原エリアで戦ったことについては、「（慶長五年）九月十九日付け林正利宛て小早川秀秋書状（感状）」（福岡市：二〇一二）に「このたび、関ヶ原表における比類なき働き」（傍線は引用者）と記されている点が、その証左となる。

開戦時刻の真実

こうした経過を考慮すると、開戦の時間は、家康方軍勢が大谷吉継隊へ攻撃を開始した九月十五日早朝であり、その時に小早川秀秋が裏切って大谷吉継隊を挟撃して壊滅させたので、小早川秀秋が裏切った時間は九月十五日早朝ということになる。

このように考えると、一九九頁の②と③で述べた、九月十五日の合戦当日、正午頃まで小早川秀秋は去就を明確にしていなかった、ということ、および同日正午頃の時点で、まだ両軍の勝敗の決着はついていなかった、ということが、前提として成立しないことは明白なので、「問鉄炮」の話自体がフィクションであり、荒唐無稽な架空の話であることは自明であると言えよう。

合戦の終了時刻は、島津家家臣の史料（「帖佐彦左衛門宗辰覚書」、史料番号一三一七）には「午の刻（昼の十二時頃）」としているので、山中に布陣した宇喜多秀家など石田三成方軍勢の主力本隊の戦いが終わったのは昼の十二時頃だった（この点は、桐野作人『関ヶ原　島津退き口』〔桐野：二〇一〇〕にも指摘がある）。このことからも、九月十五日正午頃に「問鉄炮」が行われたとする話自体が後世の作り話であることがわかる。なお、関ヶ原の戦いに参戦した島津家家臣の史料（『旧記雑録後編三』〔鹿児島県：一九八二〕収載）の記載内容をもとに作成した関ヶ原の戦い（山中の戦い）の概要図を次頁に示しておいた。

「問鉄炮」の話は、なぜ生まれたのか

架空の「問鉄炮」の話が、江戸時代の軍記物などで創作された背景について考えると、実際にあったように、あっけなく石田三成方の軍勢が敗北してしまうと、ストーリーとして面白味がないので、合戦の展開をスリリングに演出するために、こうした話がでっちあげられたのだろう。そして、九月十五日正午頃まで両軍の戦いは決着がつかなかったが（このこと自体が、実際の歴史的事実とは異なるが）、

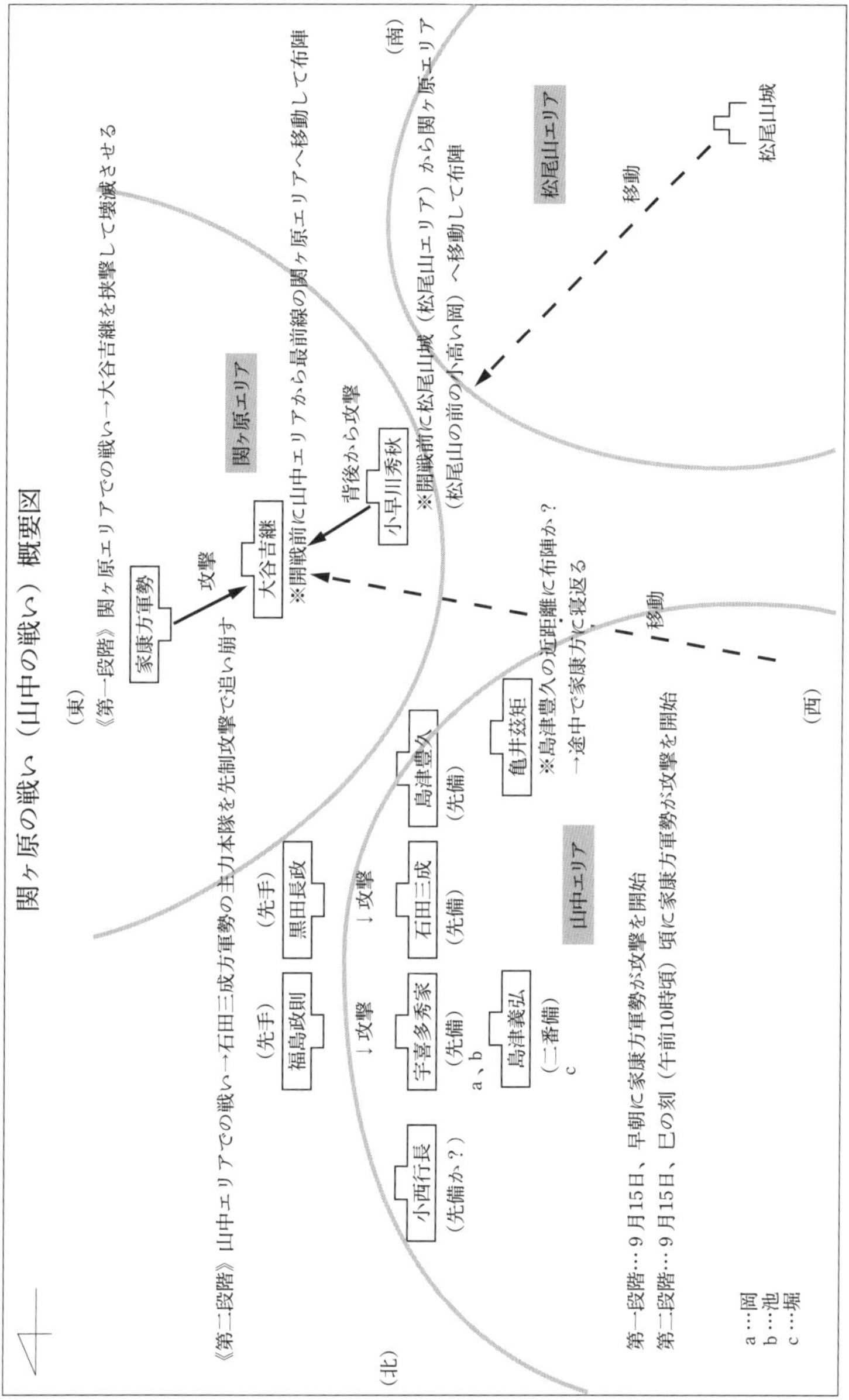
関ヶ原の戦い（山中の戦い）概要図
（東）
（西）
（南）
（北）
《第一段階》関ヶ原エリアでの戦い→大谷吉継を挟撃して壊滅させる
《第二段階》山中エリアでの戦い→石田三成方軍勢の主力本隊を先制攻撃で追い崩す
家康方軍勢
攻撃
大谷吉継
※開戦前に山中エリアから最前線の関ヶ原エリアへ移動して布陣
関ヶ原エリア
背後から攻撃
小早川秀秋
※開戦前に松尾山城（松尾山エリア）から関ヶ原エリア（松尾山の前の小高い岡）へ移動して布陣
松尾山エリア
移動
松尾山城
亀井茲矩
※島津豊久の近距離に布陣か？
→途中で家康方に寝返る
移動
福島政則
（先手）
黒田長政
（先手）
↓攻撃
↓攻撃
宇喜多秀家
（先備）
a、b
石田三成
（先備）
島津豊久
（先備）
島津義弘
（二番備）
c
小西行長
（先備か？）
山中エリア
第一段階…９月15日、早朝に家康方軍勢が攻撃を開始
第二段階…９月15日、巳の刻（午前10時頃）頃に家康方軍勢が攻撃を開始
a…岡
b…池
c…堀

こうした戦況の中にあっても家康は常に冷静な判断をし、その神がかり的な判断力によって、家康が「問鉄炮」を命じたことにより、家康方軍勢が劇的に勝利した、という印象操作を後世に残すことになった。このことは、徳川史観による家康神話の創出にも大きなメリットがあったと思われる。

しかし、「問鉄炮」の話に見られる関ヶ原の戦いの劇的展開（ドラマチックな展開）は、小山評定《おやまひょうじょう》のストーリー展開とも共通する点であり、読者にとっては手に汗を握るワクワク感満載であるものの、歴史的事実とはかけ離れた、いわば後世の名脚本家によって創作された出来のいいドラマ（架空の話）の台本レベルの内容以上のものではなかった、というのが真相なのである。

このような荒唐無稽な話が、近代においては明治二十六年（一八九三）刊行の参謀本部編纂『日本戦史　関原役』以降、百二十年以上、誰も疑うことなく連綿と通説としてまかり通ってきた点にこそ根本的な問題（本格的研究の欠如）がある。その意味では、関ヶ原の戦いに関する本格的研究はまだ始まったばかりと言えよう。

主要参考文献

桐野作人『関ヶ原　島津退き口——敵中突破三〇〇里』（学研パブリッシング、二〇一〇年。のちに加筆・修正し、二〇一三年に学研M文庫として文庫化されている）

桑田忠親「関ヶ原の戦」（高柳光寿監修・桑田忠親編集『日本の合戦』七巻〈徳川家康〉、人物往来社、一九六五年）

白峰　旬『新解釈　関ヶ原合戦の真実——脚色された天下分け目の戦い』（宮帯出版社、二〇一四年）

白峰　旬「関ヶ原の戦いにおける石田三成方軍勢の布陣位置についての新解釈——なぜ大谷吉継だけが戦死したのか」（『史

学論叢』四六号、別府大学史学研究会、二〇一六年）
白峰旬「在京公家・僧侶などの日記における関ヶ原の戦い関係等の記載について（その一）――時系列データベース化の試み（慶長五年三月～同年十二月）」（『別府大学紀要』五七号、別府大学会、二〇一六年）
福田誠「【詳解】戦国八陣」（『歴史群像アーカイブVol.6　戦国合戦入門』学習研究社、二〇〇八年）
『新修福岡市史』資料編、中世一（福岡市、二〇一〇年）
『新修福岡市史』資料編、近世一（福岡市、二〇一一年）
松田毅一監訳『十六・七世紀イエズス会日本報告集』第Ⅰ期第三巻（同朋舎出版、一九八八年）
『鹿児島県史料・旧記雑録後編三』（鹿児島県、一九八三年）

第12章　家康は豊臣氏を、どのように追い詰めたのか

曽根勇二

問題の所在

大坂の陣とは、関ヶ原の戦いで勝利した徳川家康が江戸に幕府を開き、残る政敵である豊臣氏を滅ぼすために行われた戦争とするのが一般的な理解であろう。しかし、そこに秀吉政権の脆弱性を指摘する一方で、用意周到な家康の政権簒奪ぶりを強調する見解には馴染めない。

集権的な秀吉政治が確立した背景には、長期化した文禄・慶長の役（日本軍の朝鮮出兵・駐屯）があり、この対外戦争に対応するために新たな政治体制と経済構造が形成された、と筆者自身は考えている。いわゆる伏見《ふしみ》と大坂を拠点する体制の形成であるが、秀吉在世中は嫡子秀頼《ひでより》が後継者に指名され、武家階級の結束もなされた。しかし、誰がこの集権的な体制を継承していけるのかが、その後の課題となった。しかも秀吉死後は、国内統治の面だけではなく、文禄・慶長の役の敗戦処理をはじめ、アジアの諸国・諸地域、ヨーロッパ諸国との対応など、複雑かつ多彩な外交問題を処理する必要もあった。

秀吉死後には、秀吉政治の後継者問題こそが武家階級では重要な論点となり、その端緒が関ヶ原の

戦いであり、最終的に決着したのが大坂の陣だった。ここには秀吉政治の確立と継続をめぐる問題があり、それを支える大名の動向（判断）も重要な要素となった。秀吉政治の延長として家康・秀忠の政治があり、地域性の強い時代が終焉し、日本列島規模で国家運営を行う集権的な時代が到来することとなった。

このような視点で大坂の陣の要因を考察するため、本章では次の三点に注目する。

①秀吉政治の実態や、その成立をめぐる状況の中で家康の立場を考える。
②秀吉の死後、関ヶ原の戦いを経て、覇権を握ったあとの家康政治の実態を紹介する。
③①と②の状況を踏まえ、伏見・大坂から江戸へと政権の拠点が移行した意味を考える。

なお、本章で引用する家康文書の写真は、特に注記のないもの以外は、山本博文・堀新・曽根勇二編『徳川家康の古文書』（柏書房、二〇一五年）に掲載されている。

秀吉政治の成立とは何か

奉行衆と大老の存在　まず「（文禄四年）四月二十八日付け金森長近宛て家康書状」を見てみよう。長近は領国の飛驒高山（現、岐阜県高山市）に下向したが、家康はこの帰国を知らず、挨拶もしなかったことが気がかりとなった。そこに下国した長近から挨拶の書状があり、家康が大いに安心したとの内容である。

この年の家康は、京都に赴くこともあったが、伏見の屋敷にいることが多く、秀吉政権下の一大名として長期にわたる在京生活を送っていた。しかも同年三月二十八日、京都の家康屋敷へ秀吉の御成《おなり》もあった。御成とは、秀吉が多くの大名を随行させて、個々の大名屋敷を訪問することである。特に文禄三年（一五九四）以降、秀吉は諸大名との主従関係を確認するため、軍事パレードとも言うべき御成を頻繁に行った。多くの大名らが京都や伏見・大坂に自らの屋敷を有していたからである。

さらに、関白秀次自刃後の文禄四年七月には起請文《きしょうもん》が作成されたが、ここで家康や毛利輝元《もうりてるもと》は、秀吉の後継者である秀頼を支えるため、常に京都および伏見・大坂に居ることが義務づけられた。大名は妻子らと共に、京都および伏見・大坂に集住することも命じられ、万一自らの領国へ戻る際には、家康か輝元の許可を得ることになっていた。この規定からすると、前述した長近宛て書状は、単に家康と長近の親密さを示すものではなく、不用意に領国へ戻ってしまった長近に対して家康が警告する書状を出し、それに対して長近から家康へ返書があって、その返書に対する書状だったこととなろう。当時の家康は、政務を担う奉行衆とは異なる位置にいて、輝元らと同様、大老として秀吉政治を支えていた。

武家階級の結束　文禄五年（一五九六）五月九日、家康は秀吉・秀頼に随行して上洛したが、これに先立って出されたのが「(文禄五年) 五月三日付け五奉行宛て家康書状」である。当時四歳の秀頼には初めての上洛・参内であり、参内日程の三日間のうち、いずれかの日に上洛すること、その参内には家康が同行することの二点が、宛所の石田三成ら奉行衆から家康に通達された。秀吉からの指示で、秀頼参内という実務を石田三成ら奉行衆が統括し、家康はその指示に従ったのである。

さらに諸大名が上洛した五月九日、伏見城から京都までの行程を、騎馬で秀吉らに随行したが、家康は、前田利家《まえだとしいえ》らほかの五名ほどの大名と共に、輿に乗って参列した（『言経卿記《ときつねきょうき》』五月九日条）。五月十三日にこの参内は行われたが、参内に合わせるかのように、秀吉は、家康を大納言から内大臣に、前田利家を中納言から大納言へと昇進させた。文禄四年七月の秀次事件後、秀吉は、自らの後継者としての秀頼を公表し、さらに政権運営の実務を担う奉行衆、それを支える家康や利家ら有力大名の存在も定着させていった。

また、これら体制の構築を朝廷側に明示することが、この参内の主目的だった。官位の授与だけではなく、正装した武家が行列で参内することから、朝廷に軍事的制圧を加える一方で、大名にその序列化の実態を示した。まさに、秀吉を頂点とする領主階級の結束が強化され、後継者秀頼の存在をアピールすることで、秀吉政治の継続を印象づけたのである。

家康と利家の立場　さらに「（文禄五年）六月三日付けの冨田一白宛て徳川家康・前田利家連署状」を見てみよう。この年、日明の講和交渉の妨害をしたとのことで秀吉の怒りを買い、朝鮮に駐屯中の加藤清正《かとうきよまさ》は日本に呼び戻されていた。本状は、清正本人の朝鮮からの帰国に先立ち、弁明する使者が伏見に到着し、それを受けて家康と利家の二人から冨田一白（信広・水西）に出されたものである。

本状によると、家康と利家はこの日、秀吉近侍の当番だった一白を介して、秀吉のご機嫌を見計らい、使者が弁明する様子を知らせてほしいとの依頼をした。家康らは、ほかにも秀吉に伝えたいこともあるので、秀吉の暇な時間を見つけて、そのことを伝えてほしいとも懇願している。なお、本状から約二ヶ月後の文禄五年閏七月十二日深夜、伏見で大地震が起きるが、いち早く秀吉の許に参上したのが清正だった。

宛所の富田一白とは近江出身の武将で、織田信長に仕えたが、本能寺の変後、秀吉に仕えた。その後も小牧・長久手の戦いでの織田信雄《のぶかつ》・家康との交渉、あるいは北条氏との交渉にも使者として赴くなど、数多くの使者の経験を積んで秀吉の信任が厚かった。また茶の湯にも造詣が深く、たびたび家康との間を仲介する役割を担うなど、秀吉の御伽衆としても活躍した人物である。このような一白の経歴からすると、家康らが清正の釈明のために一白を頼ったのも不思議ではなかろう。

清正が日本に召還された背景には、講和交渉中の小西行長《こにしゆきなが》を支援する石田三成らの画策があり、それに対抗する役割を期待されたのが家康・利家であったとの見解がある。三成と一白が不仲だったともされるが、本状で明らかなことは、すでに秀吉を頂点とする秀吉政治ができあがっており、その実務を奉行衆が担っていたこと、また大名統制の根幹を揺るがし、政権運営の支障をきたす場合には、家康ら有力大名らが乗り出すこともあったということである。家康と利家も、この体制を支えた有力なメンバーであり、最も注目すべきことは、家康と利家でさえ、すでに秀吉に直接陳情することができないようになっていたことである。秀吉の地位の高さと共に、秀吉の側に仕えた武将の立場の違いにも留意すべきだろう。

大老の意味　次に「(文禄五年)閏七月十九日付けちやあ宛て家康・利家連署状」を見てみよう。本状は、秀吉に直接意見をするつもりでいた家康と利家が、これを憚ったのか北政所《きたのまんどころ》の侍女ちやあに宛てたものである。前述した大地震で伏見城が倒壊した直後のものであり、第一条で、秀頼を大坂へ移したうえで、伏見に新たな城を築城すること。第二条で、倒壊した城を復興するのなら、水の流れをよく確認すること。そして第三条で、旧来の城下は復旧が困難であり、秀吉の判断で秀吉の「御座所」を決めるべきであるとの内容である。単に侍女に宛てた内容ではなく、明らかに秀吉への意見書である。

本来、秀吉の意思を伝達する形をもって、実務は奉行衆が行ったが、このような緊急時においては、家康と利家は奉行衆を介さず、直接秀吉に進言し、政務に関わろうとした。つまり当時の家康と利家は、奉行衆の役割とは異なる位置にいて、秀吉を頂点とする政治を支えていたのである。

当時の秀吉政治のあり方では、まずは秀吉の意思が優先され、その下で石田三成ら特定の奉行衆が実務を担当するようになっていたが、その政権運営を傍から支える家康ら大老の存在も重要だった。すでに家康や利家も直接関与できない独裁的な秀吉政治が成立していたわけだが、それを補完する大老が存在した。こうした政治体制が確立していたからこそ、後継者の問題も議論されることになったのである。文禄四年七月の秀次事件には奉行衆の画策があり、この事件を契機として、秀吉政権の集権化が強まったとの従来の見解があるが、特定の奉行衆による連署状が出されるのは、もっと早く文禄二年秋頃からである（曽根：二〇一五）。それゆえ、奉行衆の台頭による集権化の動きは、文禄二年頃から次第に強まったと考えたほうが自然だろう。さらに、それを支えるための家康ら大老の存在にも注目すべきである。

秀吉死後の家康はどのような行動をとったのか

家康の巧妙な政権運営　慶長三年（一五九八）八月十八日に秀吉は死去するが、秀吉死後の国家運営は、大老と奉行衆に託された。これについては、①「（慶長四年）閏三月二十六日付け片桐且元宛て家康書状」（「長尾文書」『徳川家康文書の研究』中巻）と、②「（慶長四年）四月二日付け片桐且元宛て家康書状」の二通が参考になる。

①の書状が出される前に、豊臣氏の重臣片桐且元《かたぎりかつもと》は、大野治長《おおのはるなが》の代官所の件に関することを家康に問い合わせたが、それに対して家康は、①の書状で浅野長政《あさのながまさ》・増田長盛《ましたながもり》・長束正家《なつかまさいえ》（五奉行）や、中村一氏《なかむらかずうじ》・堀尾吉晴《ほりおよしはる》（中老）にも通達したと答えている。さらに且元は、大野治長の代官所を池田重成《しげなり》（知正《ともまさ》）に渡すこと、浅利《あさり》事件の処理に関する政務を処理したことを家康に報告したのだが、この報告を受けた家康が、了承したことを且元に伝えたのが②の書状である。大野治長も豊臣氏の重臣であるが、その代官所を他者へ渡すこととなれば、とても豊臣氏の家政に関する問題とは思えない。

すでに慶長四年閏三月三日、池田重成への替地知行宛行状が、五大老連署状の形態で出されているので、これも国政に関わるものと見るのが自然である。一方の浅利事件とは、秀吉が全国を統一したのち、出羽の大名秋田（安東《あんどう》）氏への軍役金未納問題が発生し、秋田氏とその重臣浅利氏の間で生じた紛争である。秀吉のところにまで裁定が持ち込まれたが、大坂に召還された浅利頼平《よりひら》が慶長三年一月に急死したため、うやむやに終わっていた。頼平に子がなかったため、浅利氏の嫡流は断絶している。秀吉の在世中から続く秋田氏に関する内紛で、当初から且元が関与していたとはいえ、これも豊臣氏の家政にとどまるものでなく、国政に関わるものである。

キーマン片桐且元の存在　豊臣氏の家政を担当する且元からすれば、秀吉の死後、政権運営を支えていた前田利家が慶長四年閏三月三日に病死したため、政務の遂行にあたっては、残る大老の家康に報告をするしかなかった。このような政務は、本来五奉行が行うべきものだったが、且元がここで関与したのは、豊臣氏支配の代官所に関するものだったからだろう。且元は、五奉行にも報告しているので、五奉行制も機能していたことになる。しかし、豊臣政権の直轄領支配に対する五奉行制が機能していたにもかかわらず、家康がこのような政務を且元に処理させたのは、家康による巧妙な作戦からだろう。いずれにせよ利家の死後、次第に家康単独の政権運営がなされるようになり、この動きに且元も巻き込まれていた。

慶長五年（一六〇〇）九月の関ヶ原の戦いにおける勝利で覇権を握った家康だったが、諸大名（外様大名）に対する知行目録の発給を指示しながらも、最後まで自身の領知朱印状を出すことができず、領知を通じて彼らと主従関係を結ぶことができなかった。それは、秀吉政治下で発給された知行宛行状がまだ有効だったからである。その処置は且元に委ねられた。なお、自由に徳川将軍家が諸大名に対して領知朱印状を発給できるようになったのは、元和三年（一六一七）以降のことであり、その意味でも大坂の陣は重要な事件だった。

家康と諸大名の関係　「(慶長十一年) 五月五日付け中川秀成宛て家康黒印状」は、慶長十一年(一六〇六)、諸大名の助役で竣工した江戸城の大改修普請に対する家康の礼状である。まだ家康が伏見に居た時期で、この江戸城普請が公儀普請で行われたため、数多くの大名に同様の文書が出された。この大改修普請には、外様の有力大名だけではなく、一門・譜代の大名も動員して行われたのである。江戸城を将軍の居城に相応しいものにする意図もあったようで、すでに慶長九年(一六〇四)八月、家康は、西国の外様大名を中心として、石材運搬のための「石綱船」の建造を命じていた。さらに慶長十年(一六〇五)四月十六日、家康は将軍職を辞し、それに伴って秀忠を二代将軍に任命させた。慶長十一年に入る頃には、江戸城大改修普請の助役を命じられた大名のほとんどが江戸に集結し、江戸城の普請だけではなく、家臣を伊豆国に遣わして石材を切り出し、江戸に搬送する作業を行った。こうして慶長十一年三月朔日から江戸城の普請が開始され、同年五月頃にはほぼ完成したので、家康は大名に礼状を出したのである。

ここで注目すべきことは、江戸城の普請が開始された直後の三月十五日、家康が江戸を発ち、同月二十日に駿府へ到着したことである。この家康の行動は、駿府城主の内藤信成《ないとうのぶなり》を近江長浜《ながはま》(現、滋賀県長浜市)に移封させ、駿府城を自らの居城とするためである。江戸城に引き続き、この頃から家康はすでに駿府城を改築することも想定していた。前述した礼状でも、秀忠のことを「将軍」と称しており、「秀忠が江戸城の普請を大変に満足している」とも記している。こうして豊臣方を意識しつつ、家康は諸大名への動員力を高めていった。

駿府城の普請と大名の動き　慶長十二年（一六〇七）三月頃、越前・美濃・尾張・三河・遠江に領知を有する大名の助力で、まずは駿府城の普請が始まり、続いて畿内五ヶ国や丹波・備中・近江・伊勢の大名も続き、島津氏や前田氏などの有力大名も普請に参画する大規模な公儀普請となった。同年七月三日には天守台が完成し、一部の殿舎も完成したので、家康は同日から新たな駿府城へ移ったとされる。

こうして駿府城は、本丸・二の丸・三の丸と異例のスピードで普請は進んだが、ほぼ竣工に近い同年十二月二十三日、火災を起こして焼失した。しかし、すぐに家康は諸大名に復興を命じたので、翌十三年八月には駿府城は竣工した。そこで出されたのが「（慶長十三年）八月十日付け中川秀成宛て家康黒印状」である。先に中川秀成は茶の湯の道具一式を家康に贈ったが、これを機として家康は、八月十日付けで、それまでに贈答された見舞品に対する礼状を一斉に出している。大名から家康への贈答、それに対する家康の礼状も、政治的に意味のあるものとなった。家康の指示に従う大名が数多くなってきたからである。

特に駿府城の普請では、秀頼の領分（摂津・河内・和泉）にも普請役が賦課され、さらに慶長十六年（一六一一）三月に行われた京都の内裏造営でも、豊臣氏に直属する「大坂衆」にも普請役が賦課されるなど、家康は大名の動員力を高めていたのである。次第に家康と大名との関係が明らかになってきたとも言えよう。

家康は、なぜ駿府を拠点としたのか

大久保長安の重用　「（慶長十二年）四月十六日付け山村甚兵衛《やまむらじんべえ》宛て大久保長安《おおくぼながやす》書状」（「山村文書」『山梨県史』資料編八）は、駿府城の普請に伴う家康の木曾材搬出指令でもある。ここには「一、家康様の船も、伊勢の桑名で待っていますので、もしも家康様への材木が遅れるならば、大変なことになります。決して油断せずに材木を桑名まで搬送しなさい」とある。木曾代官の山村甚兵衛の調達した木曾材は、木曾山から木曾川河口にある伊勢桑名《くわな》の代官所を経由し、海路で駿府へ搬送されることになった。

この書状には、木曾材が駿府へ搬送された経路として「甲府の秋山甚右衛門」を経由したことも記されている。つまり木曾材が、木曾川などの河川から河口部にあたる伊勢湾内の湊（桑名など）を経由し、海路で駿府へ搬送されただけでなく、その一方で、信濃・甲斐両国を陸送させて、富士川などの河川を活用して駿府へ搬送されるルートもあったのである。伊勢湾を介する海路だけではなく、内陸部の陸送や河川交通も活用されたため、駿府や江戸に向けた交通網が、次第に形成されることになったとも言えよう。家康は、木曾材の搬送によって甲斐・信濃地域の支配に着手することとなったが、前述の書状で長安は、「我らが佐渡へ赴く時、わずかな時間ですが、下諏訪あたりまでは行きます。ようやく伊豆銀山が隆盛するようになり、当月と来月には、伊豆に滞在します」とも述べた。駿府にいた家康は、大久保長安を佐渡国や伊豆国の金銀山支配にも関与させたが、駿府城普請のための木曾材搬送なども、その東国支配の一つだった。

家康の交通支配　こうして甲・信（甲斐・信濃）地域の支配に着手した家康だったが、このことは伝馬役賦課などの街道支配にも反映された。例えば、慶長十六年（一六一一）七月日付けで板倉勝重《いたくらかつしげ》（京都所司代）・米津清右衛門《よねきづせいえもん》・大久保長安の三人が連署で各宿駅に宛てた三ヶ条（「石合文書」『信濃史料』第二十一巻）がある。この冒頭部分で「和田より長窪まで運送する荷物は、一駄に付き四十貫文を徴収する」とあり、東山道の各宿駅を対象としたもので、長安の関与した信濃和田峠の開発に関するものである。同日付けの板倉・米津・大久保が連署した「定」（「諸法度」『大日本史料』十二編八巻）もあり、これは東海道の宿駅を対象として出された。二通とも「家康様が上洛する時には、どの馬もすぐに出すこと」との内容が盛り込まれ、家康・秀忠の公務を優先することが記された。さらに同年九月三日、長安が越後高田城主の松平忠輝《まつだいらただてる》の家老らと共に、領内の「蒲原郡せき・中嶋村」に対して、ある法令（「三条市立図書館所蔵文書」『新潟県史』資料編七）を出した。家康や秀忠の朱印状がなくても、奉行衆（家康か秀忠の側近）の連署状があれば、伝馬・人足を優先的に提出することや、大量の伝馬・人足を提出し、通行の協力をすることを命じた内容である。特に「江戸や駿河と同じような施策と考えてもよい」との記載は、忠輝（家康の子で秀忠の弟）が、単に領国に自らの施策として出した法令とは思えない。

こうして長安が当該地域の交通支配に関与したのは、江戸・駿府から上方（伏見・大坂）までの沿道の人々に対して、徳川方の権力を認識させるためだった。しかも東山道・東海道だけではなく、長安の行動した「甲信越」の街道沿いの地域なども含まれており、個々の大名領国の施策ではなく、家康自身が秀吉政治の後継者だと意識していたからだろう。先述した江戸城・駿府城、慶長十五年の尾張名古屋城という公儀普請には、このような家康の意識が背景にあったのである。

海路と陸路を結ぶ尾張国　家康は、駿府を拠点とした海上および陸上の交通支配を展開させていたが、特に海上交通の面から、内陸部の地域を自己の支配下に置くことを考えていた。そこで「(年不詳)七月四日付け竹中重門（関ヶ原を含む美濃・菩提領主）宛て板倉勝重書状」（「奥田正臣氏所蔵文書」『関ヶ原町史』史料編三）を見てみよう。この書状によると、かつて長安は、美濃内陸部（「牧田村（現、岐阜県大垣市）」）と尾張など伊勢湾地域との連携を促すために新たなルートを開設した。しかし慶長十八年（一六一三）九月十三日、東山道の美濃関ヶ原宿と今須宿《います》（いずれも現、岐阜県関ケ原町）の住民は、奉行所に訴えを起こした（「奥田正臣氏所蔵文書」『関ヶ原町史』史料編三）。長安が開設した牧田新道によって、両宿に対立が生まれたからである。そのため、「上り荷物（京都方面への荷物）」は関ヶ原宿を経由させて、陸送で近江の柏原《かしわばら》（現、滋賀県米原市）まで搬送することとし、一方で「下り荷物（江戸方面への荷物）」は、今須宿を経由させることにした。さらに尾張方面から美濃の「牧田」を経由する「上り荷物」は、今須宿で荷物を経由させた。その一方で、「近江から舟で来る（琵琶湖の湖上水運を利した）荷物」は少ないので、関ヶ原宿を経由させる措置がとられた。ほぼ同等の条件ではあったが、牧田新道が出現したことによって、同じ東山道でも関ヶ原宿のほうが便利なためか、東海道に依存できない今須宿の困窮ぶりが著しくなった。

豊臣氏をはじめ、京都を拠点としてきた従来の政権が、東国支配のために近江国を極めて重要な拠点に位置づけていたが、牧田新道の開設をはじめとする今回の措置は、太平洋沿岸と直結できる尾張国など伊勢湾沿岸地域の重要性を高める結果となった。家康の命令で、この時の長安は「甲信越」を拠点としつつ、かなり広範囲な動きを見せたが、これは佐渡国や伊豆国の金銀山を支配することだけでなく、豊臣方の動向をも意識した伊勢湾沿岸地域の支配だった。家康による駿府および江戸での拠点づくりの一環でもあり、東海道地域の地位を高めるものでもあって、大坂—江戸間の拠点化も想定されていたことになろう。

尾張・遠江支配の実態　慶長十四年（一六〇九）十二月、家康は、当時常陸水戸《みと》に領知があった十男頼宣《よりのぶ》（当時八歳）に駿河・遠江両国で五十万石を与え、その代わりに十一男頼房《よりふさ》（当時七歳）には水戸城主として二十五万石を与えた。これで頼宣が駿府城主、頼房は水戸城主となったが、幼少なこともあって、いずれも家康の支配下に置かれた。

そのような矢先の慶長十五年（一六一〇）二月二十五日に、徳川頼宣宛ての家康書状が出された。これは家康が、遠江横須賀《よこすか》城（現、静岡県掛川市）を幼い頼宣の支配地域に組み込もうと考えて訓戒を与えたものである（なお、実際には組み込まれなかった）。もともと横須賀城には大須賀忠政《おおすがただまさ》（榊原康政の長男）がいたが、慶長十二年（一六〇七）九月に病死しており、忠政の嫡男忠次《ただつぐ》が三歳で跡を継いでいるという状況だった。家康は、頼宣の付家老として安藤直次《あんどうなおつぐ》を起用しようとしたが、このような措置をとったのは、慶長十二年三月の尾張清須《きよす》城主松平忠吉《ただよし》の死後、尾張は家康の九男義直《よしなお》が継承していたが、その義直もまだ幼いため、家康の直臣による支配が行われていたことも影響した。尾張と同様、遠江も、家康および家康直臣による領国運営がなされるなど、大坂の豊臣氏に対抗するうえで重要な場所だったのである。

大坂方に対する地域支配　そのことを物語るものとして、「慶長十六年（一六一一）正月付け石黒善九郎宛て家康自筆小物成皆済状」がある。これは慶長十四年（一六〇九）分の尾張国内の年貢皆済状で、米年貢だけでなく、すでに小物成の徴収も行われていたことがわかるものである。尾張国は、家康直臣による直接支配が行われており、年貢徴収などは家康の承認が必要だった。宛所の石黒善九郎（重成）とは、尾張出身で、小牧・長久手の戦いを機に家康に仕えた武将であり、関ヶ原の戦い後に家康の四男松平忠吉が尾張清須城へ入ると、その配下となった。忠吉の死後は、義直に仕えて領内の代官を務めている。

この時の家康は駿府に居たが、同年三月六日には駿府城を発ち、後陽成《ごようぜい》天皇譲位のために上洛、同月十七日に京都二条城へ入った。同月二十三日に参内して、二十八日に二条城で豊臣秀頼と会見した。つまり、この家康自筆の小物成皆済状は、豊臣方との戦闘に備えて、その前線ともなるべき伊勢湾に隣接する尾張国の支配を強化するために出された可能性が高い。この小物成皆済状には、慶長十六年二月二十八日付け猪狩光治（近江野洲郡代官）宛てや、慶長十六年二月二十八日付けの楢村監物《ならむらけんもつ》（大和の代官）宛てなど他地域のものもある（中村孝也『徳川家康文書の研究』下巻之一）が、猪狩宛ては慶長八年から慶長十四年までの七年分で、楢村宛ては慶長六年から慶長十四までの九年分と明記されている。家康は、上洛あるいは秀頼との会見前に、当該地域での数年間にわたる年貢を一気に収納させたが、これもまさに大坂の豊臣氏を意識した地域支配の一つと言えよう。

大坂包囲網の意図　秀吉は、文禄・慶長の役が継続する中、各地の大名と妻子を伏見・大坂に集住させた。秀吉を中心として、武家階級の結束を促すだけではなく、朝鮮半島への軍需物資供給という物流支配の面からも、日本列島全域を支配する体制が必要となったからである。政治・経済の両面から、伏見・大坂を拠点化することが有効となり、その体制を支える奉行衆や大老の存在も重要となった。このような集権的な政治形態こそが秀吉政治の確立であり、秀吉在世中には後継者秀頼の名が公表された。

秀吉死後、家康が後継者である秀頼の存在を意識しつつ、多くの大名の支持を得ようとしたのは、この体制を継承するためだった。家康の行動には脆弱性も潜んでいたが、伏見・大坂周辺の掌握を意識した大久保長安の動向、特に伊勢湾沿岸や太平洋沿岸地域を重視した事例を見ると、次第に江戸―大坂を拠点化しようとする家康の意図が明らかになっていく。これは、港湾都市・大坂を含む西国支配の重要性を示唆し、秀忠政権以降の、幕府による貿易独占にも繋がるものである。こうした経済面からの視点も、大坂の陣に関わる重要な要因になろう。秀吉死後、周辺諸国やヨーロッパ勢力との外交交渉をリードした家康の存在、さらにその指導性に対する西国大名の反応も重要なものだったのではなかろうか。

大名の判断と選択

秀吉政治の後継者として、秀頼ではなく家康を選択した大名らの判断をどのように理解するのか。この点については、秀吉死後から大坂の陣へと至る政治過程において、秀吉政治の下で、馬廻衆（直臣）として台頭した武将に注目すべきであろう。彼らは秀吉を警護する存在として、畿内や近国に所領が与えられていた。この直臣系武将の配置があったからこそ、秀吉死後や関ヶ原の戦い後に、直臣系の片桐且元らの武将が、そのまま「大坂衆（秀頼の家臣）」として位置づけられたのである。これは、同じ秀吉恩顧の武将であっても、ある地域に一円的な封地を与えられた加藤清正（肥後熊本城主）や福島正則（尾張清須城主）らとは明らかに異なる。彼ら大名は、自身の領国経営を優先することが前提であり、秀吉政治の後継者を選択することができた。これに比して直臣系の武将らは、分散的な知行形態だったこともあり、元来が豊臣氏を警護する役割を期待されたためなのか、自らの判断で選択をすることは困難だった。この点は、国政を担った奉行衆の石田三成（近江佐和山城主）や浅野長政（甲斐府中城主）らも、個別の大名として、後継者に対する選択権はあった。関ヶ原の戦いや大坂の陣の要因を考える際、大名と直臣を区別して考えることも必要なことだろう。

主要参考文献

曽根勇二『片桐且元』（吉川弘文館、二〇〇一年）

曽根勇二『近世国家の形成と戦争体制』（校倉書房、二〇〇四年）
曽根勇二『秀吉・家康政権の政治経済構造』（校倉書房、二〇〇八年）
曽根勇二『敗者の日本史13　大坂の陣と豊臣秀頼』（吉川弘文館、二〇一三年）
曽根勇二「秀吉による伏見・大坂体制の構築」（山本博文・堀新・曽根勇二編『偽りの秀吉像を打ち壊す』柏書房、二〇一三年）
曽根勇二「秀吉と大名・直臣の主従関係について――いわゆる五奉行連署状の成立を中心に」（山本博文・堀新・曽根勇二編『豊臣政権の正体』柏書房、二〇一四年）
曽根勇二「五奉行連署状について」（山本博文編『法令・人事から見た近世政策決定システムの研究』東京大学史料編纂所、二〇一五年）
曽根勇二「秀吉の首都圏形成について――港湾都市・大坂の成立を中心に」（大阪市立大学・豊臣期大坂研究会編『秀吉と大坂』和泉書院、二〇一五年）

第13章　大坂冬の陣後、大坂城の堀は無理やり埋められたのか

片山正彦

大坂城を攻め落とすには

大坂城を攻め落とすには、どのような手段を講じればよいのだろうか。肥前平戸《ひらど》藩四代藩主の松浦《まつら》鎮信《しげのぶ》（重信）が天正から元和期（一五七三～一六二四年）の諸士諸将の武勲を雑記し、元禄九年（一六九六）に成立した『武功雑記《ぶこうざっき》』によれば、秀吉は家康に対して以下のように語ったという。

このような城を一気に攻め落とそうとしても、なかなか落城させることはできない。ひとまず攻め立てて和睦をし、その証しとして堀を埋めさせ、塀を破壊するなどしたあとに、再び攻めれば落城するだろう。

大坂冬の陣後の和睦条件としてあまりに有名なものに、大坂城の堀の埋め立て問題が知られる。これについては、大坂城外周の「惣掘《そうぼり》」だけを埋める約束だったものを、徳川方は「惣」の文字を「すべて」の意味に曲解し、「外堀」埋め立て工事の余勢を駆って、豊臣方の制止を無視しつつ強硬に「内堀」まで埋め立てるという手を使って、大坂城を裸城にしてしまったという形で、以前から長く語り

伝えられてきた。

このエピソードについては、一般の読者もよくご存知ではないだろうか。しかしながら、近年の研究では、必ずしもそのように理解されていない。本章では、大坂冬の陣後、大坂城の堀は無理やり埋められたのか否か、近年の研究動向を踏まえながら、改めて確認していきたい。

徳川・豊臣両陣営の出陣

慶長十九年（一六一四）九月七日、家康は島津家久《しまづいえひさ》や細川忠興《ほそかわただおき》ら西国の諸大名五十名に命じて、家康・秀忠《ひでただ》に二心なき旨の誓紙《せいし》を提出させた。同十八日には江戸からの帰途、家康に拝謁するために駿府へ来た池田利隆《いけだとしたか》に対し、急ぎ兵を摂津尼崎《あまがさき》（現、兵庫県尼崎市）に派遣し、同地の城主建部政長《たけべまさなが》と共に大坂に備えることを命じている。十月一日には、東海・北国・西国の諸大名に出陣を要請した。

遠江から伊勢にかけて領地を持つ諸大名たちは淀《よど》（現、京都市伏見区）と瀬田《せた》（現、滋賀県大津市）に、北国の諸大名は大津《おおつ》・坂本《さかもと》・堅田《かたた》（いずれも大津市）に、中国筋の諸大名は池田（現、大阪府池田市）に、九州方面の諸大名は西宮《にしのみや》（現、兵庫県西宮市）と兵庫《ひょうご》（現、神戸市兵庫区）に、四国の諸大名は和泉国沿岸に、それぞれ兵を派遣して駐屯することを命じた。このような軍勢の様子は、諸書に記されており、「人と馬が宿や港、山々を充満している。神武天皇以来、これだけ武士が集まった例は聞いたことがない」（『森家先代実録《もりけせんだいじつろく》』）、「これだけの大軍は日本はじまって以来のものである」（『本光国師日記《ほんこうこくしにっき》』）

などとあり、いかに大軍勢だったかが伝わってくる。

家康が約五百の兵を率いて駿府《すんぷ》城（現、静岡市葵区）を出発したのは十月十一日、京都に到着したのは同月二十三日のことである。秀忠が江戸城を出発したのは、家康が京都に到着した同日の二十三日だった。秀忠の上洛は十一月十日、ここで合流した家康と共に軍勢を率いて十一月十五日に京都を出発、十八日に茶臼山《ちゃうすやま》（現、大阪市天王寺区）に到着し、軍議が執り行われた。茶臼山に入った家康は、大坂城周辺の各所に付城《つけじろ》の普請を命じ、二十五日頃には完成した。

対する豊臣方は、真田信繁《さなだのぶしげ》（幸村《ゆきむら》）・後藤基次《ごとうもとつぐ》（又兵衛《またべえ》）らが城外出撃による迎撃論を唱えていた。援軍の到来を期待できない状況での籠城策は無意味であり、積極的に打って出て、敵が包囲網を形成する前に倒してしまおうというのである。具体的には一〜二万の兵を率いて宇治《うじ》（現、京都府宇治市）や瀬田に進出し、瀬田川を盾にして西上する徳川方を迎撃する作戦が検討された。しかし、この作戦は早々に見送られ、豊臣方の作戦は持久・籠城の堅陣を構築する方向でまとまっていったのである。

大坂冬の陣が始まる

慶長十九年（一六一四）十一月中旬、徳川方は上坂してきた各大名らを含めた約二十万の兵で大坂城の周囲を固めたが、徳川方と豊臣方との事実上の初戦となったのは、木津川口《きづがわぐち》の戦いである。木津川口（現、大阪市西区）は、史料によって「穢多ヶ崎」または「江田ヶ崎」とも表記される。木津川口は大坂城の西側に位置し、豊臣方が砦を築いており、海上交通の要衝でもあった。豊臣方でここを守備したのは、明石掃部《あかしかもん》（全登《たけのり》）だった。徳川軍で木津川口を攻撃したのは、蜂須賀至鎮《はちすかよししげ》、浅野長晟《あさのながあきら》、池田忠雄《いけだただかつ》らである。同時に、徳川義直《よしなお》、池田利隆《としたか》らの軍船が奇襲攻撃を加え、さらに水軍を率いた向《むか》井忠勝《いただかつ》も豊臣方の船を攻撃し、わずか一日で豊臣方の敗北となった。

博労淵《ばくろうぶち》砦の戦いで、豊臣方の守備を任されたのは薄田兼相《すすきだかねすけ》である。博労淵（現、大阪市西区）は木津川の中洲、狗子島《えのこじま》の東部一帯のことで、木津川口砦とも続く要衝地だった。兼相は、徳川方の蜂須賀至鎮が攻撃を仕掛けてきた際には、神崎《かんざき》の遊女屋で遊んでおり、砦を至鎮によって落とされるという大失態を演じたとも言われている。

十一月二十六日になると、鴫野《しぎの》・今福《いまふく》（どちらも現、大阪市城東区）へと戦いの舞台は移った。鴫野と今福は大坂城の東北に位置していたが、徳川方は攻略の拠点として、この地の制圧を計画していた。同地にはすでに豊臣方の砦が築かれており、大野治長《おおのはるなが》の配下の者が守備についていた。対する徳川方は、今福に佐竹義宣《さたけよしのぶ》が、鴫野に上杉景勝《うえすぎかげかつ》、堀尾忠晴《ほりおただはる》、丹羽長重《にわながしげ》が対峙する形で陣を構えていた。同日早朝、義宣は今福砦を急襲し、豊臣方の矢野正倫《やのまさとも》らの守備隊を打ち破った。鴫野の戦いでは、豊臣方の鉄砲頭である井上頼次《いのうえよりつぐ》が戦死するなど、豊臣方の形勢不利となり、大野治長や渡辺糺《わたなべただす》らと豊臣秀頼《ひでより》の旗本七手組《はたもとななてぐみ》が援軍に馳せ参じた。これによって豊臣方は一時息を吹き返したが、上杉軍に堀尾忠晴と丹羽長重が援軍に駆けつけ、豊臣方を退けた。結局鴫野・今福の両砦は陥落し、徳川方に接収されることとなった。

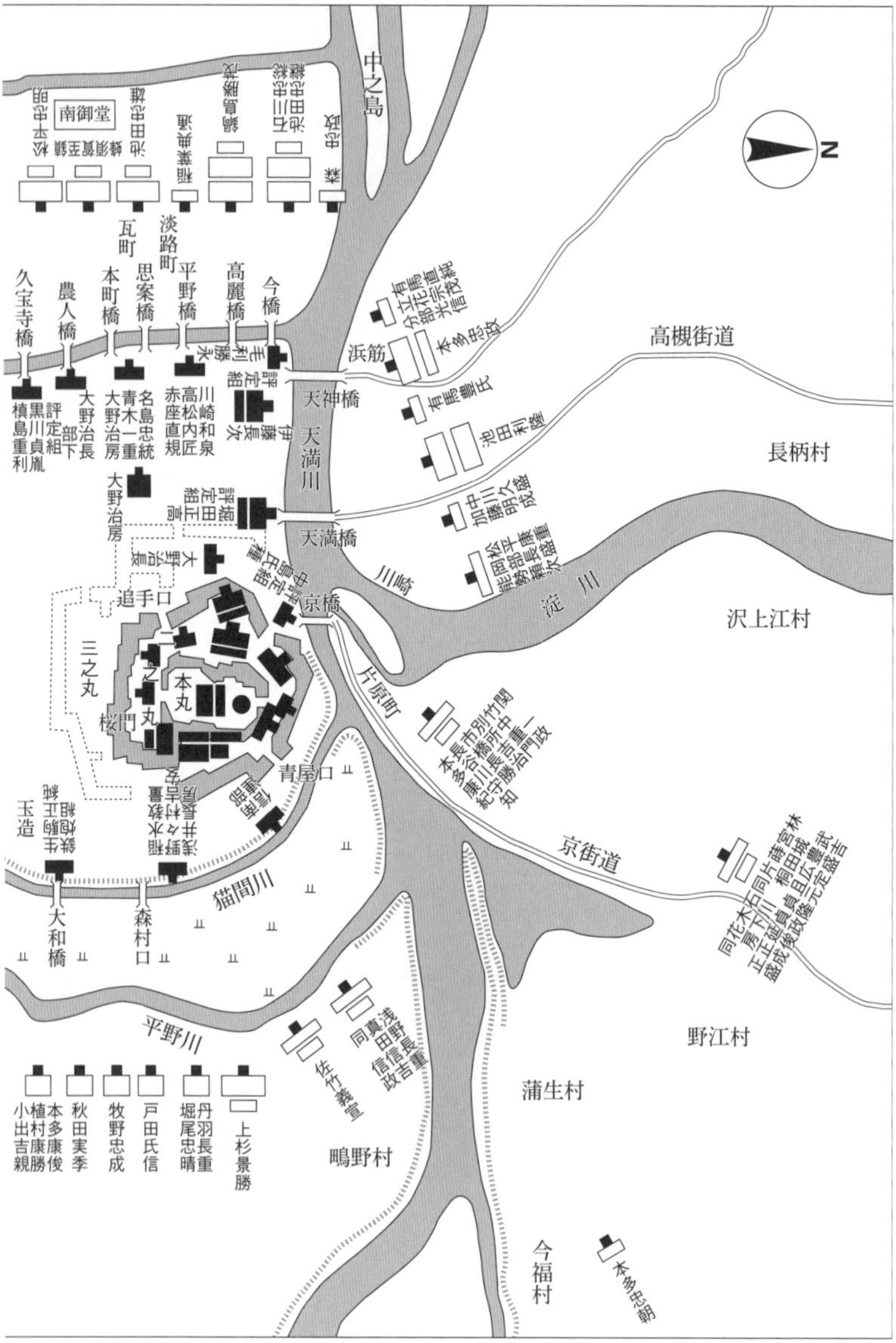
中之島
南御堂
瓦町
淡路町
今橋
高麗橋
平野橋
思案橋
本町橋
農人橋
久宝寺橋
毛利勝永
評定組
伊藤長次
川崎和泉
高松内匠
赤座直規
名島忠統
青木一重
大野治房
評定組
大野治長
部下
黒川貞胤
槙島重利
大野治房
浜筋
高槻街道
天神橋
天満川
長柄村
天満橋
川崎
沢上江村
京橋
片原町
追手口
三之丸
二之丸
本丸
桜門
青屋口
京街道
玉造
大和橋
森村口
猫間川
平野川
野江村
蒲生村
鴫野村
今福村
有馬豊氏
池田利隆
佐竹義宣
上杉景勝
丹羽長重
堀尾忠晴
戸田氏信
牧野忠成
秋田実季
本多康俊
植村康勝
小出吉親
本多忠朝

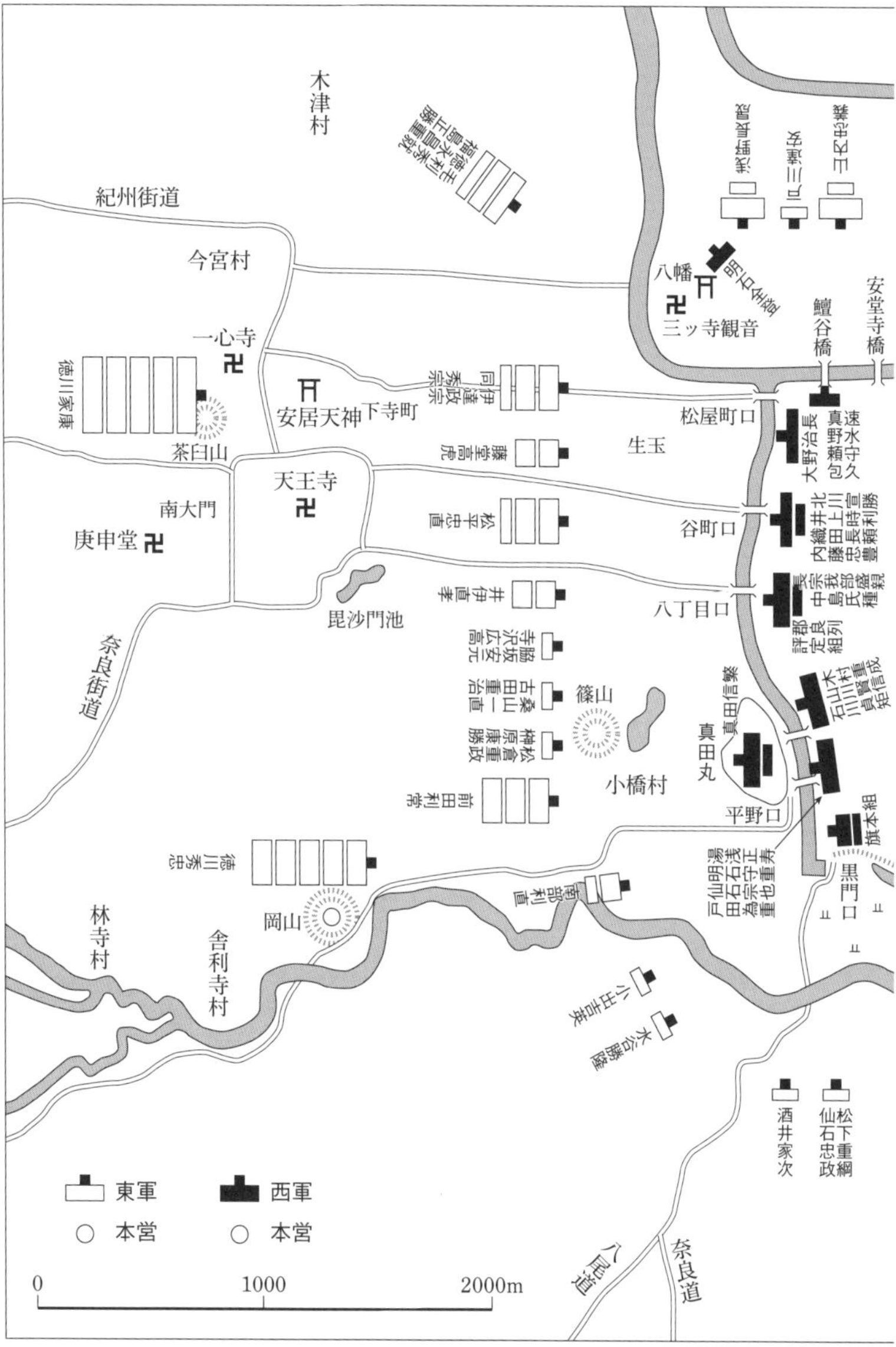

渡邊大門『大坂落城――戦国終焉の舞台』所収「冬の陣布陣図」を元に作成

一方で、大坂城の真田丸《さなだまる》および惣構《そうがまえ》南部方面において繰り広げられた攻防戦は、徳川方に甚大な被害を発生させて終わり、大坂城の堅固さを改めて認識させる結果となった。二十万の軍勢で包囲しているとはいえ、人海戦術の無理攻めでは大坂城を落とせぬとみた家康は、かねて用意の大砲群を繰り出して、砲撃戦で揺さぶりをかけようとした。

家康は、稲富宮内《いなとみくない》・正直《まさなお》、牧清兵衛《まきせいべえ》らの砲術家数十人に約三百挺の大筒（石火矢《いしびや》は五門）の指揮を執らせ、藤堂高虎《とうどうたかとら》・松平忠直《まつだいらただなお》・井伊直孝《いいなおたか》・佐竹義宣・菅沼定芳《すがぬまさだよし》らの陣地と備前島《びぜんしま》（現、大阪市都島区）から本格的に砲撃させた。家康は難攻不落が予想される大坂城攻略に際して、国内の合戦ではあまり使われることのない大砲（「石火矢」）という武器の重要性に注目してこれを多数動員し、さらにはオランダ製の大砲までをも調達して、この大坂の陣に臨んでいた。

家康は淀川の中洲である備前島に大砲を揃え、ここから大坂城本丸に対して昼夜を問わず連日のように砲撃を加えた。大砲の発射時に響きわたる轟音が守城側に与える威嚇効果と、城内構造物に対する現実の破壊効果とをもって城内の勢力を心理的に追い詰めていった。ことに、砲弾が天守閣の柱を直撃破壊して天守閣を傾かせ、さらに淀殿《よどどの》の居間をも打ち砕いたことは、淀殿をはじめとする城内勢力に大きな衝撃を与えた。

和睦交渉の開始

家康は、このように砲撃作戦で城中に揺さぶりをかけつつ、和議交渉を始めた。交渉には女性を表に立てるという方式が採られたが、これはやはり豊臣方の意向が淀殿の意思によって導かれるところが大きく、また淀殿の実妹である常高院《じょうこういん》の存在も大きかった。常高院は、浅井長政《あざいながまさ》とお市の方との間に生まれた三姉妹の真ん中にあたる女性で、若狭国に九万石を領していた京極高次《きょうごくたかつぐ》へ嫁いだが、高次が亡くなったことで落飾《らくしょく》して常高院と称していた。

淀殿との直接交渉のためにはうってつけの人物である彼女の存在もあって、大坂の陣における和議交渉は、もっぱら女性主導で展開されることとなった。常高院は、自ら大坂城へ入って淀殿に対する説得工作を行っていたが、家康はさらに側室の阿茶局《あちゃのつぼね》を家康の意向の伝達者として遣わして、常高院との間で交渉にあたらせた。

藤堂高虎の家臣として大坂の陣に参戦した松原自休《まつばらじきゅう》が記したとされる『大坂陣日記《おおさかのじんにっき》』によれば、十二月三日頃から豊臣方の織田有楽斎《おだうらくさい》と徳川方の本多正純《ほんだまさずみ》・後藤光次《ごとうみつつぐ》（庄三郎《しょうざぶろう》）との間で和平交渉が行われたようである。後藤光次は、本姓を橋本といった。彫金師《ちょうきんし》の後藤徳乗《ごとうとくじょう》の弟子になり、のちにその技量をもって家康に仕えた。光次は金座を統轄し、金貨の製造や地金・金貨の鑑定などの職務を担当した。大坂の陣では本多正純らと共に、豊臣方との交渉役に抜擢された人物である。有楽斎が正純と光次に宛てた返状によれば、有楽斎は徳川方からの和睦の提案を秀頼に伝え、説得しようと努めたが、受け入れられなかったという。十日には、大坂城に籠もる浪人たちの扱いや秀頼の国替えに関する議題が挙がったらしい。

和睦交渉の経緯

十二月十五日には、秀頼の母淀殿を人質として江戸へ送るのと引き換えに、大坂城に籠もる浪人たちに所領を与えるため、秀頼に加増してほしいと豊臣方が光次に伝えたが、これに対する徳川方の要求の中に、「堀を埋め、石壁を壊して、浪人を召し放つように」との文言が確認できる。

十八日、常高院が京極忠高《ただたか》の陣中において、阿茶局・本多正純との交渉の席に着いた。常高院は大坂城中で検討するということで、いったん持ち帰ることとなった。阿茶局はもともと、今川家の家臣神尾忠重《かみおただしげ》の妻だったが、夫の歿後は家康の側室となっていた。正純は、父の正信《まさのぶ》と共に家康の側近として知られる。

翌十九日、再度交渉の席が設けられた。『大坂陣日記』によれば、和睦の条件として挙がったのは、以下の点である。

①本丸を残して、二の丸・三の丸の堀を埋めること。

②淀殿を人質として出すのは叶いがたいので、有楽斎と大野治長が人質を出すこと。

二十日の晩には、有楽斎の子息・頼長《よりなが》と大野治長の子息・治徳《はるのり》が人質として、徳川方の本多正純に預けられた。その後、徳川方の本陣が引き払われることとなるが、これに合わせて大坂城の堀を破却するために、松平忠明《ただあきら》や本多忠政《ただまさ》らが奉行とされた。『大坂陣日記』の記述に従えば、そもそも豊臣方と徳川方の和睦条件の中に、二の丸・三の丸の堀の埋め立てが含まれていたことがわかるだろう。

この交渉に際しての女性の役割に注目したのが、福田千鶴氏である（福田：二〇〇七）。家康側近の者が記したとされる『駿府記《すんぷき》』によれば、慶長十九年（一六一四）十二月十五日、家康が後藤光次を召して和睦の手立てを問うたところ、光次は「使者が申す様子では、城中はすべて秀頼の母（淀殿）の命令を受けており、万事に急ぎませんので、お返事が延引している」とのことだと述べたという。

福田氏はこの史料から、淀殿が大坂城における意思決定のすべてを握っていたとしている。また和睦成立後、徳川方が二の丸の堀を埋めてしまった際には、淀殿は玉という女性を派遣して、奉行の本多正純に異議を申し立てたことがあったという。

堀の埋め立て問題の通説

大坂城の堀の埋め立て問題をめぐる通説の誤りを指摘した笠谷和比古氏によれば、巷間あまりにも有名なこのエピソードは、『大坂御陣覚書《おおさかごじんおぼえがき》』『幸島若狭大坂物語《こうじまわかさおおさかものがたり》』『元寛日記《げんかんにっき》』『翁物語《おきなものがたり》』など、かなり多くの書物に記されているため、一概に退けがたいところもあるが、これらはあくまでも後代に残された物語であり、この埋め立て工事に関する当時の第一次史料の中には見えないという（笠谷：

二〇〇七）。

一例を示せば、『三河物語』には以下のように記されている。

（惣構の塀と櫓《やぐら》を崩し、堀を真っ平に埋め、）次の日は二の丸へ入って、二の丸の塀と櫓を崩して堀へ入れ、真っ平に埋め立てたところ、秀頼や浪人たちが、「惣構と申していたのに、二の丸までこのように埋め立てられたら、迷惑である」と申すと、「もとより惣構と申していた。ただし、本城（本丸）を壊さないと申していたので、本城は壊していない」。

「本城（本丸）」を除いて、「惣構」を二の丸も含んだ「惣」＝すべてと解釈して、徳川方が塀と櫓を破却し、堀の埋め立てを行ったことを述べている。徳川方の謀略説を示す根拠の一つとされるものである。

この点については、岡本良一氏が以下のような見解を示している（岡本：一九七〇）。

ともかく家康の思惑どおり和睦が成立し、その条件として壕（堀、以下同）が埋められることになった。この壕埋めについて、巷間では和睦の条件としては惣構の壕だけを埋めることになっていたのを、家康がそれを無視して強引に二之丸・三之丸の壕まで埋めてしまった、というふうに理解する向きが多いようであるが、それは正しくない。本丸を除いて惣構はもちろん、二之丸・三之丸まですべて埋めるという条件は大坂側も承認していたのである。（略）惣構の壕や矢倉の壊平工事は関東方で行うが、二之丸・三之丸の壕や矢倉の壊平工事は、大坂側が自分の手で行うという取きめがあったからである。

岡本氏によれば、そもそも和睦の条件として、惣構だけでなく二の丸と三の丸の堀を埋めることは豊臣方も了解していたことだった。ただ、その作業の分担については、二の丸と三の丸は豊臣方が自らの手で行う取り決めがあったという。岡本氏は、これに加えて、以下のように推測している。

大坂側としては自分のほうで埋め立てをするかぎり、手加減はいくらでもできる。何とかかとか理屈をつけて、できるだけ時をかせいでおれば、老齢の家康はおそらくそのうちに死んでしまうにちがいない。関東方の手で壊平する惣構の堀その他は、もともと臨時的なものであるから、そんなものが壊平されたとて、いざとなればまた短期間のうちに復旧が可能であろう。壕埋めの条件を承認した大坂側の腹のうちは、おそらくこんなものであったと考えられるのである。

諸史料の見解

慶長十九年（一六一四）十二月二十六日付けで細川忠利《ただとし》が国許の家臣に宛てた書状には、以下のようにある（『細川家記《ほそかわかき》』）。

大坂城も、二之丸・三之丸・総構を壊し、本丸までとし、秀頼様が本丸に御座を置けるように。総構については、こちら（徳川方）より人を出して壊しなされる。二之丸と三之丸は、城中の人（豊臣方）によって壊すこととなっている。堀などは、やがて埋める予定である……。

この書状によれば、そもそも秀頼のいる本丸を除いて、二の丸・三の丸・惣構を破却することとなっており、惣構については徳川方が、二の丸と三の丸については豊臣方がその作業を行い、堀もいずれは埋め立てる予定となっていたことがわかる。

同年十二月二十六日付けで浅野忠吉《ただよし》が紀伊国の寺院に宛てた書状にも「なおなお、大坂のことについては和睦となり、二之丸・三之丸・惣構までことごとく破却なされる」（「米良文書」）とあり、惣構だけでなく二の丸・三の丸も含めて破却することについては、徳川方の大名にも伝わっていたのである。

前出の『駿府記』によれば、慶長十九年十二月二十七日、秀忠から二条城にいる家康へ「総堀櫓」が破却されることが言上されている。年が明けて正月八日、秀忠によって大坂城の「割御普請」が命じられた。だが、二の丸の堀はおよそ「四十間」、あるいは「五十間」「六十間」（約七十～百十メートル）もある箇所があり、いずれもその石垣は水底から「三間」から「四間」（約五・五～七メートル）、浅い箇所でも「二間」（約四メートル）ほどあり、すぐに普請を終えることはできないという。十日には家康のいる三河岡崎（現、愛知県岡崎市）へ、「十六、七日には概ね普請が完了するのでは」と報告があった。

十二日には、「二之丸の堀は思いの外深くて広く、土手を潰して埋め立てても土が不足、そこで二之丸の千貫櫓や有楽斎の家屋などを取り壊して堀を埋めた」との報告があった。十八日には、概ね大坂城の割普請が完了し、秀忠は伏見へ帰陣、「大坂城は二之丸まで悉く破却され、本丸だけが残っている」との報告だった。しかしながら、秀忠が伏見へ帰陣したものの、いまだ普請は完了しておらず、引き続き諸大名はその普請に残し置かれ、目付として本多正純や安藤重信《あんどうしげのぶ》が残ったままだった。家康が割普請の完了を聞いたのは二月一日のことであり、二の丸・三の丸・堀門櫓などまで、ことごとく破却されたとのことであった。

『駿府記』の記述に従えば、二の丸と三の丸の堀の埋め立てを行ったのは徳川方であり、「割御普請」とあることからも、ある程度は徳川方の計画通りに作業が進められたのではないだろうか。

埋め立て工事の開始

埋め立て工事の差配は、和睦直後にすぐ各大名へ伝達された。醍醐《だいご》寺の座主《ざす》を務め、准后《じゅごう》の称号も下賜された真言宗僧侶の義演《ぎえん》が残した『義演准后日記《ぎえんじゅごうにっき》』によると、慶長二十年（一六一五）正月七日時点で「日本の武士は一騎も残らず参陣した」とある。九州の大名である鍋島勝茂《なべしまかつしげ》の十二月二十一日付けの書状によれば、大坂城の「そとかハ（外側）」を崩すことについては「手前」にも仰せ付けられたとある（『鍋島勝茂譜考補』）。中国地方の大名である吉川《きっかわ》氏の十二月二十八日付けの書状によれば、「石かき（石垣）くすし（崩し）候へ」と命じられている（『吉川家文書』）。

同じく中国地方の大名毛利輝元《もうりてるもと》の正月十三日付けの書状によれば、和平が調ったので堀埋めの普請を仰せ付けられたという（『萩藩閥閲録《はぎはんばつえつろく》』）。また、伊東政世《いとうまさよ》は大坂城の「総堀」を埋めた時に奉行を承った、旗本安藤正次《まさつぐ》は仰せを受けて「大坂石垣破却の奉行」となった、旗本久永重勝《ひさながしげかつ》は「総堀」を埋める奉行の列に加わったなどとある（『寛永諸家系図伝《かんえいしょかけいずでん》』）。

この埋め立て工事を、徳川氏による幕藩権力編成のための大名統制策の一つとして捉えようとしたのが白根孝胤氏である。白根氏は、正月十八日に徳川方は埋め立て工事を早急に完了するよう山内《やまのうち》忠義《ただよし》に命じたが、この命令が家康付きである山代・村田・佐久間・瀧川・山本・本多と、秀忠付きである永田・伊藤・安藤・山岡の連署によって出されている点に注目し、大坂城の二の丸と三の丸の堀にまで及んだ大坂城の埋め立て普請が、諸大名を徳川幕藩権力の編成下に位置づけていく軍事行動の一環として行われたことを、豊臣方に十分に認識させるという重要な意義を持っていたという（白根：一九九七）。

法度の制定

工事に従事するに際して、わざわざ法度を定めたのが毛利秀就《ひでなり》である。秀就が定めた法度は、以下の七ヶ条にわたっている。
①大坂城中だけでなく、町屋においても湯水を所望してはならない。
②大坂城の衆から無礼なことを仕掛けられても、少しも構ってはいけない。
③大坂城の衆と口論になった場合は、相手にかかわらず毛利方の者を処罰する。
④町場へ武具を持って出かけることは、一切禁止する。

⑤大坂城中に宿を借りることは、一切禁止する。
⑥組頭の者たちは、しっかりと人夫に出仕を申し付けること。
⑦何事においても、噂などを一切しないこと。

一連の条文を見ると、大坂城中の者や町場の者とのトラブルを避けるように、あらかじめ周知していることがわかる。いまだ大坂城中には浪人を含め、多くの武士が籠城しており、周辺の町場には人々が居住していた様子が窺える。

真田丸の扱いなど

大坂冬の陣を語るうえで欠かすことができないのは、真田信繁（幸村）の活躍と真田丸《さなだまる》である。真田丸が築かれたのは、大坂城の東南部である。信繁が大坂城の平野口《ひらのぐち》に築いた出城であり、東西約百八十メートル、堀の深さは六～八メートル、土塁《どるい》の高さは約九メートルだったという。現在は、出丸城跡碑が大阪市天王寺区餌差町の心眼寺《しんがんじ》に建てられている。この方面は、徳川軍と接しており、防御上の問題点を抱えていた。大坂城は西に淀川と大坂湾、東に平野川、北に天満川《てんまがわ》という自然の要害に囲まれていたが、南側にはそういったものがなかったからである。

そこで信繁は、その弱点を克服すべく、大坂城の東南部に堀と柵をめぐらし、長さ百間（約百八十メートル）という出城を築いた。真田丸への攻撃をめぐっては、家康も慎重な態度で臨んでおり、十二月二日には前田利常《まえだとしつね》に対して塹壕《ざんごう》や土塁を築くように指示を行った。ところが、これを見た信繁は、工事を妨害するために出兵した。同月四日には、前田家の家老本多政重《まさしげ》が真田丸を攻撃、これには徳川方として井伊直孝、松平忠直も加わり、早朝六時頃から夕方四時頃まで交戦状態が続いた。途中、前田軍の不利な情勢が明確になると、家康・秀忠は撤兵を命じるが、徳川方の戦死者は数千人にのぼったという。

ところで、真田信繁が築いた真田丸は、その後どうなったのだろうか。渡邊大門氏によれば、真田丸のその後を詳しく記したものはないらしい。『浪花武鑑評判《なにわぶかんひょうばん》』には、真田丸がいの一番に破却され、破却した際に出た塀や櫓などの木材は徳川秀忠が接収する予定だったが、信繁はそれらをいち早く大坂城内へ運び入れ、それゆえ秀忠は非常に不機嫌だったという（渡邊：二〇一五）。

この結果、壮大な惣構などによって強固な防御力を誇っていた大坂城は、その機能を失ってしまった。工事後の大坂城の様子を見た南禅寺《なんぜんじ》の僧侶で家康のブレーンでもあった崇伝《すうでん》は、『本光国師日記』に「大坂城の堀は埋まり、本丸だけが残って浅ましく見苦しい姿になってしまった」と記している。

大坂冬の陣、その後

大坂冬の陣で豊臣方が善戦できたのは、大坂城の堅い守りがあったからであり、それは巨大な堀が幾重にも城を取り囲んでいたからである。徳川頼宣《よりのぶ》が大坂の陣に関係する史料・証言を収集し、頼宣死後、大関佐助《おおぜきさすけ》こと宇佐美定祐《うさみさだすけ》が中心となって執筆したという『大坂御陣覚書』によれば、慶長二十年（一六一五）正月二十五日、家康は埋め立て作業の進捗状況を見て本多正純を呼び、「惣構はもちろん、二之丸・三之丸まで寄せ手の人数で埋め立てよ。三歳ほどの子供でも、自由に上り下りできるほどに行え」と命じて、京都へ引き上げたという。

これまで述べてきたように、惣構の周囲をめぐる外堀のみならず、二の丸と三の丸の内堀を埋め立てて、これらのエリアを壊平するというのは、豊臣方も諒解していた当初からの和議条件だったと理解しなければならない。徳川方が惣堀という言葉にこと寄せて、騙し討ち的に内堀を強行的に埋め立てたとしてきた従来の通念は改められなければならない、というのが現在の研究状況である。問題があったとすれば、二の丸破却は豊臣方の手で行うというのが取り決めだったが、その工事が進捗しないという理由で、徳川方が人夫を送り込んで櫓や家屋を崩して壊平工事を強行した点だろう。

だがそれは、豊臣方が約束を履行しなかったことに対する催促であり、豊臣側がこれに抗議したとしても、結局は引き下がるしかなかったのであろう。このあたりの紛議が誇大に伝えられて、外堀埋没の取り決めで内堀埋没を強行した謀略というストーリーが増幅していったと推測される（笠谷：二〇〇七）。

慶長二十年二月半ば、家康と秀忠はそれぞれ駿府と江戸に帰還したが、そののちも大坂方の動向に対して注意を怠らなかった。そして三月五日、家康は所司代板倉勝重《しょしだいいたくらかつしげ》から、豊臣方が外郭の埋め立てられた堀を浚渫《しゅんせつ》し、柵をめぐらして防備を強化していること、また糧食を買い集め、浪人を盛んに召募していることなどの報告を受けた。だが、すでに往時の防御力は大坂城にはなく、夏の陣ではわずか数日で落城という憂き目を見ることになってしまうのである。

主要参考文献

岡本良一『大坂城』（岩波新書、一九七〇年）
笠谷和比古『戦争の日本史17　関ヶ原合戦と大坂の陣』（吉川弘文館、二〇〇七年）
白根孝胤「慶長期公儀普請奉行の機能と特質」（中央大学『大学院研究年報　文学研究科篇』二六号、一九九七年）
福田千鶴『淀殿――われ太閤の妻となりて』（ミネルヴァ書房、二〇〇七年）
渡邊大門『大坂落城――戦国終焉の舞台』（角川学芸出版、二〇一二年）
渡邊大門『真田幸村と真田丸――大坂の陣の虚像と実像』（河出ブックス、二〇一五年）
『大阪市史史料　第七十六輯　大坂御陣覚書』（大阪市史編纂所、二〇一一年）
『新修大阪市史　第三巻』（新修大阪市史編纂委員会、一九八九年）
『新修大阪市史　史料編第五巻　大坂城編』（大阪市史編纂所・大阪市史料調査会、二〇〇六年）

特論2 忍者とは実在するのか

荒垣恒明

忍者ブームの陰で

昨今は、ちょっとした忍者ブームのようである。忍者に関する単行本や、忍者を特集した歴史関係の雑誌、忍者をテーマとした小説、漫画は以前からたくさん出ている。また、インターネット上でも、忍者に注目したサイトはいくつも確認することができる。近年では、個人的な興味関心を超えて、地域振興の一環として忍者が注目される場合もある。

忍者への興味関心は海外にも広がっており、ＮＩＮＪＡは外国の人々にも認知されている。個人的なことで言えば、はるか昔の大学院生時代に知り合いになった、アフリカのコートジボワールからの留学生に、日本で興味のあるものは何かを質問した時、彼が「サムライとニンジャのことをもっと知りたい」と答えたのを聞いて、忍者はそこまで有名なのかと驚いた記憶がある。忍者は国際語にもなっていると言っていいだろう。

そうした状況を踏まえれば、なぜここで忍者の存在自体を問題にするのか、と疑問に思われる向きもあるかもしれない。しかし、例えば「サムライ」には「侍」という、もとになる確実な歴史的用語があるが、「ニンジャ」という言葉にはそうした根拠がない。戦国時代の史料の中で「忍者」という表現にはまずお目にかからないし、江戸時代あたりから「忍者」という用語が散見されるようになってからも、その読みは「しのびのもの」だった。

こうした点を踏まえて、実像としての忍者は「忍びの者」、イメージとしての忍者は「忍者」と区別して表現することが適当ではないかとする研究者もいる。呼び方一つをとっても、これだけ考えるべきことがあるのだ。意外にも忍者事情は複雑なのである。

忍者の実像に迫るには

こうした複雑な忍者事情を整理して、実像に迫っていくには、できる限り後世に作られた虚像としてのイメージを取り除いていくことが必要となる。忍者にまつわるイメージとしては、黒ずくめの姿だったり、手裏剣の使い手だったり、壁や塀を軽々と飛び越える姿だったりと、いくらでも挙げることができる。しかしイメージの多くは、確実な史料からはほとんど裏づけを取ることができない。そして忍者のイメージは、総じて任務を遂行するために備わった能力や技術に関わるものが多い。

仮に、ドロン！　と消えることができた忍者がいたとして、消えることで満足する者はいなかっただろう。消えることで何かをすることが必要なはずだからである。黒ずくめの衣装にしても、それは闇の中で活動するために必要だったもので、忍者本来の属性ではなかったはずである（そんな姿で日中に忍者の活動をすれば、目立つことこの上ない）。

ドロン！　にしても、黒ずくめにしても、手裏剣にしても、どうも私たちは忍者の〈手段〉ばかりに注目し、彼らの〈目的〉の部分にはきちんと意識を向けてこなかったのではないだろうか。実像としての忍者に迫ろうとする場合、彼らの身なりや立ち振る舞いではなく、彼らが実際にどのような仕事をしていたのか、という点に注目することが重要である。

以下では、忍者のことを雄弁に語る戦国軍記や忍術書などはできる限り参照せず、確実な史料から判明する、戦国期や近世初頭の事例に拠りながら、忍者の活動の痕跡をたどってみたいと思う。

「忍び」とは何か

一般に忍者は、甲賀者《こうがもの》、伊賀者《いがもの》といった固有名詞や、乱波《らっぱ》、素波《すっぱ》、草《くさ》、軒猿《のきざる》などの独特な呼称を通して理解されることが多いが、同時代の一次史料の中で、そうした言葉に出会うことは想像以上に少ない。忍者を指し示す中世の史料用語としては「忍び」「忍びの者」が最も一般的である。

同時代の「忍び」の定義については、ポルトガル人宣教師が編纂した辞典『日葡辞書《にっぽじしょ》』の中に載せられている。同書には「シノビ（Xinobi）」の語が立項されており、「戦争の際に、状況をさぐるために、夜、または、こっそりと隠れて城内へよじ登ったり陣営内に入ったりする間諜《かんちょう》」という説明が付されている。用例としては、「忍びをする（上述のように探索をするために入り込む）」、「忍びが入った（間諜が入り込んだ）」が挙げられている。

同時代の証言ということで言えば、村井章介氏の注目した『朝鮮王朝実録』（朝鮮王朝に関する編年体の公式記録）の記事にも注目できる（中宗七年五月戊申条）。そこには、朝鮮側に囚禁されていた与四郎という者の話として、日本の博多には「時老未」と呼ばれる人々がおり、彼らは自身の姿形を変えることに長けており、守備兵に気づかれることなく、自由自在に陣中を出入りすることができる存在だったことが記されている。村井氏は「時老未」は「しのひ（しのび）」の音写であろうとしている。十六世紀初頭の段階において、忍びの存在を具体的に示している点で、この事例は大変興味深い。

警戒される忍びの戦術

右に示されるような忍び、すなわち人目につかずこっそりと活動する存在が、実際の戦場ではどのような働きをしていたのか。この点をリアルに把握することは難しい。後世の記録ではなく同時代史料に注目すると、彼らの活動そのものというより、忍びへの警戒感のほうが、まず先に浮き上がってくる。

元亀三年（一五七二）十二月に甲斐武田氏が、遠江二俣《ふたまた》城（現、浜松市天竜区）の守備に入っていた諸将に宛てた定めでは、第一条の付則において、「忍びの用心は、厳密に申し付けるように」という指示がなされている（「友野文書」）。当時、二俣城は徳川氏との軍事衝突の最前線にあり、この定めが発給される直前に、武田氏によって攻略されている。そうした中で、「忍びの用心」が重視されていたのである。

天正十年（一五八二）と推測される、北条《ほうじょう》氏の一族・北条氏邦《うじくに》が、配下の吉田新左衛門に宛てた書状の中でも、忍びへの警戒心が示されている（「諸州古文書」十二）。この書状の解釈には難しい部分もあるのだが、冒頭で、信濃から大勢の「すつは」（すっぱ・素波）が来て、その地を乗っ取ろうとしているという情報が入ったと記されている。その上で昼夜違わない用心をすべきで、宵暁の夜番が肝心であることなどが述べられている。そして、今は寒い時期なので（書状が出されたのは今の十一月中旬）、月夜でなければ忍びが取り付くことはないだろう、いずれも指揮官が交替で、夜の間に三度突いて石を転がせて、松明《たいまつ》を投げて確認をするようにという指示がなされている。

当時の書状の中に「すっぱ」が登場する数少ない事例であり、また内容的に考えて、すっぱと忍びが同一の存在として捉えられていることも興味深い。

前線にいたと考えられる家臣に、ここまで忍びへの警戒を説いていることは、実際に忍びの働きが脅威だった事実を示している。城郭などの軍事施設を忍び戦術によって乗っ取ることは、史料の中では「忍取」と表現され、その事例はいくつか確認することができる（永禄五年三月二十二日付け北条氏康判物《うじやすはんもつ》など）。記録史料では、松平氏《まつだいら》（のちの徳川氏）の譜代家臣・大久保忠教《おおくぼただたか》が記した『三河物語《みかわものがたり》』の中で、「伊賀衆」による城の忍び取りのことが記されている（『三河物語』第二中）。右に掲げた事例は、実際に存在する城への脅威に対し、適正な対応をとるように求めたものだった。

忍びの脅威は、城の乗っ取りだけではなかった。やや時代は下るが、慶長十九年（一六一四）の大坂冬の陣の際、井伊直孝《いいなおたか》は戦場に向かっていた家臣の木俣右京に対して、味方の先手は大坂近辺に進軍している、万一、忍びなどがやって来て火を付けるようなこともあるかもしれないから、鉄砲大将衆に昼夜の見回り番を命じるように指示している（十月二十日付け井伊直孝書状、「中村達夫氏所蔵文書」）。

これも近世初頭の事例であるが、『国乗遺聞《こくじょういぶん》』（日向延岡《のべおか》藩の藩史）に載せられた、有馬直純《ありまなおずみ》が家臣に対して発した軍法には次のように記されていた（巻之六）。

夜討ちの用心が肝要である。忍びの者に手綱を切られぬよう、馬が放たれぬよう心掛け、馬が離れて陣中が騒ぎになっても持ち場を離れることなく、振る舞いを乱さず、鑓《やり》や鉄炮を備えて「夜討ちだ」と心得て、下知を待つようにせよ。陣中が騒ぎ立っている時は、こうした分別が肝心である（「陣取の事」の一条、二条）。

先の井伊直孝書状で忍びの火付けに警戒感が示されているのは、それによって陣中に騒動が起きることを警戒しているのだろう。甲斐の武田勝頼《かつより》の出した陣取り・陣所に関する指令の中には、「陣中において火事や敵からの夜懸《よがけ》の時には、一切取り合わず、自分の持ち場の用心を厳密にして、旗本の下知を遵守するようにせよ」と記されているものがある（〔年未詳〕五月六日付け武田勝頼軍陣条目案、「正安寺文書」）。

火付け、夜討、夜懸は、陣中において混乱を生み出す脅威として認識されており、その中で忍びの働きが大きな役割を果たしたことが想定される（もちろん、そのすべてが、忍びによって引き起こされたものと考えることはできないが）。

島原の乱における忍びたち

戦国から近世の戦乱期における最後の戦いと言える島原《しまばら》の乱においても、忍びは様々な形で活動していた。いくつかの事例を確認しておこう。一揆発生の緊張が冷めやらぬ寛永十四年（一六三七）十一月に、肥後佐敷《さしき》（現、熊本県芦北町）に在番していた松野七左衛門（熊本藩士）は、獅子島《ししじま》（現、鹿児島県長島町）から酒を買いに来た薩摩衆の林才右衛門という者と接触して情報を得、翌二十五日に熊本藩の三家老（長岡監物《ながおかけんもつ》、有吉頼母《ありよしたのも》、長岡佐渡《さど》）に書状を差し出した（「御家中文通之内」）。

その書状には、獅子島在番衆の新納《にいろ》加賀守が、一揆の軍勢に敗れた肥前唐津《からつ》藩の軍勢が籠る天草《あまくさ》の富岡《とみおか》城（現、熊本県苓北町）に忍びの者五人を派遣したこと、城中の者から聞き取った一揆勢との戦闘の様子、指揮官だった三宅藤兵衛の戦死の様子、城内の守備体制などが記されている。城内の者が言うには、城には千人ほどの城兵がおり、兵糧も玉薬《たまぐすり》（鉄砲などの火器に用いる弾薬）も十分にあるとのことだったが、忍びの観察によれば、城兵の数は四百程度なのではないか、とのことだった。

明けて正月一日、肥前原《はら》城（現、長崎県南島原市）に立て籠もる一揆勢との攻防戦で、幕府方の板倉《いたくら》重昌《しげまさ》が戦死する。その直後の四日に、松平信綱《まつだいらのぶつな》が最前線の地である有馬《ありま》（現、南島原市）に着陣する。

信綱の配下で従軍していた鈴木三郎九郎は、七日に大坂へ書状を発した（『嶋原日記』）。その中には、「甲賀忍之者」が九尺（約二・七メートル）以上もある塀際へ「夜忍」に出向き、矢狭間《やざま》などを探り、ずいぶんしっかりと備えられた様子だったという報告が上がってきたことが記されている。

正月二十五日、同じ有馬の地に着陣した熊本藩主の細川忠利《ほそかわただとし》は、父忠興《ただおき》へ書状を発したが、その中には次のようなことが記されていた（『綿考輯録《めんこうしゅうろく》』）。夕刻に忍びの者を遣わしたところ、城内より「昇《のぼり》」（幟のこと）を一本取って帰ってきた。その忍びによれば、塀の高さは五尺（約一・五メートル）ほどで、練塀のようになっていたけれども、大筒によって破損していたので、何事もなく上に登って昇を取ってきた。忍びの入ったところには、人は多くいなかったが、塀裏の溝には人の気配があり、夜廻りの者の話し声が聞こえた、とのことである。

原城への総攻撃が迫っていた二月十四日に、熊本藩が幕府方へ伝えた報告の中にも、忍びの活動が記されている（『綿考輯録』）。すなわち、城の塀裏の堀の様子を確認したかったが、忍びの者を無理に城内へは侵入させられず、状況を把握することができなかった。そこで十三日早朝に、忍びの者の腰に縄を付けて塀を駆け上がらせ、城内を調べさせたところ、塀の厚さ、堀の広さと深さを確認することができた。また、堀底には小屋もかけられていた。

縄を付けて遣わしたのは、万一、塀の上で討ち果たされた時に、死体を城内の者に奪われないようにするための配慮だったが、怪我もせずに戻って来たので安堵したとも記されている。忍びの者が無事だったのは、攻城軍が設置した勢楼《せいろう》から、鉄砲によって援護射撃がなされたことが大きな要因だった。史料の性格上、自軍の戦果を過大に表現している可能性はあるが、忍びの活動のすべてを作り話と考える必要もないだろう。

忍びの役割とは

島原の乱における忍びの活動からは、情報収集が大きな意味を持っていた様子を知ることができる。右に挙げた事例からだけでも、敵城の備えや内部の様子を偵察すること、味方の城の状況を確認して情報交換することなど、様々な意味が存在していたことがわかる。それらの情報は、その後の戦局を考えるうえで重要な材料となったはずである。

前掲の細川忠利書状には、城内の者が、畑作業と見まがうほどに草の根を掘っていることを踏まえ、城中では薪《たきぎ》が尽きているようだとも記されている。城内の動静を細かく観察することは、一揆勢の継戦能力を推し量ることにも繋がったのである。しかし、こうした情報収集は、戦いの最前線に身を晒すことだったから、常に危険なものだった。忍びは、そうした戦いに従事していたと考えられる。

さて、十九世紀に成立した『武家名目抄《ぶけみょうもくしょう》』（国学者・塙保己一《はなわほきいち》編纂の武家故実書）には、忍びに関する記述があり、「忍者はいわゆる間諜である。故に或いは間者といい、また諜者という」と記されたあとに、その役割として、敵地に潜行して情報収集すること、敵城に侵入して放火や暗殺を行うことを挙げている（第二「職名部三十四・下」）。

ここまで挙げてきた事例も踏まえれば、忍びの役割は、敵城や敵陣に夜討ちや放火といったゲリラ的な攻撃を仕掛けること、敵の様子を探るといった情報収集という二つを大きな柱としていたと言えるだろう。

前述のように『日葡辞書』では、こっそりと城内や敵の陣営に入り込むのは状況を探るためと記されていた。幕府の御庭番《おにわばん》を挙げるまでもなく、江戸時代でも、忍びは様々な形で情報収集に従事していた。それを考えれば柱の一つというより、むしろ忍びの本来の職務だったと捉えることもできる。乱世においては、情報収集のために発揮される忍びの能力が、ゲリラ的な戦術にも流用されていったということなのではないだろうか。

忍びが敵に攻撃を仕掛けることは、何も戦国時代に限ったことではない。例えば『太平記《たいへいき》』の巻二十には、「ある夜の風雨に紛れて、非常に優れた忍びを八幡山へ遣わして、神殿に火を懸けさせた」(「八幡炎上之事」)と、忍びをゲリラ的な作戦に活用した様子が示されている。戦国時代には戦乱の激化に伴って、そうした機会が増えていき、彼らを積極的に活用する場合も増え、それゆえに忍びへの脅威が一般的に形成されていったのだと考えられる。

「草」のこと

ここで少し視点を変えて「草」についてお付き合い願いたい。忍者に興味のある読者なら、忍びを意味する言葉として、乱波、素波などと共に草、草の者があることはご存知だろう。

北条氏の遺臣・三浦浄心《みうらじょうしん》が記した近世初期の戦国軍記『北条五代記《ほうじょうごだいき》』は、心の邪《よこしま》な曲者たちを「乱波」と名づけて大名衆が扶持《ふち》し、足軽衆の先導として使ったとしている。彼らが行う戦いとして夜討ちなどのほか、「かまり」、「忍び」、「草」といった待ち伏せ戦術が挙げられている。ここでの忍びや草は、行為の名称として登場するが、「忍びの者」という言葉と同じく、「草の者」という表現も存在していた（五月十日付け石川道堅書状写、「秋田藩家蔵文書」五）。

先の『日葡辞書』には、待ち伏せによる戦いが、九州地方では「伏草《フシクサ》」と呼ばれていたことが示されている。同様の戦術は、関東や東北では「草」「草調儀」と呼ばれており、それらは戦場で活発に行われていたことが、大名の発給した文書などから確認できる。草や伏草という表現は、草間にひっそりと身を潜めて相手を窺う行為だったことからきているのだろう。

この草については、「結城氏新法度《ゆうきししんはっと》」（下総結城氏が発した分国法《ぶんこくほう》）の中に大変興味深い条文が存在している。新法度の第二十七条では、「草や夜業といったことについては、悪党その外の行動が敏速な者が専業としてやるべきことである」とし、彼らに用事を言いつけたところ、結城氏の若い近臣の中には、女を略奪して来ようなどと、内心はよからぬことを考えて、類似の行為に関わろうとすることがあるので、軽挙は慎むよう厳しく戒められている。

身を潜めて行う草にしても夜業にしても、本稿で見てきたような忍びの活動と共通する部分が色濃く存在している。ここでは、そうした行為が機敏な「悪党」たちの仕事だと明確に述べられているのである。

忍びが特殊な存在であることは、十六世紀の初頭に朝鮮半島で虜囚《りょしゅう》となっていた男が証言していたが（前掲）、忍術の使い手という訳ではなくとも、忍びの活動には、やはり特殊な能力に支えられた部分があったと考えられる。

改めて忍者・忍びとは何か

以下、本稿のまとめをしていくことにしたい。

忍者の実像を明らかにするために忍びの活動に注目し、忍術書や戦国軍記はなるべく参照せず、戦国期から近世初頭にかけての史料に拠りながら、忍びのことについて考えてきた。その結果、忍びの活動ぶりを、ある程度は明らかにすることができたと思っている。

忍者の実像についてはわからないことが多いのであるが、少なくとも、忍びと呼ばれる者は戦場に確実に存在し、独自の活動を行っていたと言える。

ところが一つ問題がある。それは「忍び」と「忍者」との関連性、すなわち「忍び＝忍者」という図式は常に成り立ち得るのかどうか、という点である。確かに島原の乱における忍びたちは、私たちのイメージする忍者像に近い動きをしている。実際に「甲賀忍之者」も登場している。だが、この戦いに加わったすべての忍びが、特殊な技能を持った忍者のような存在だったかどうかは、簡単には断定しないほうがよいだろう。

　また戦国期の忍びについても、密かに忍び込むことに長けた間諜、心は邪だが使い勝手のよい曲者、動きの敏捷な「悪党」といった存在が含まれることは間違いないとしても、史料に登場する「忍び」が、すべてそのような存在を意味していたのかどうかは、今後検討していくべき課題である。

「忍びは取り付かないだろう」、「忍びが来るかもしれない」と記されている時、それが忍者だけによる活動だったのか否かについては、まだ議論の余地が存在している。特に城の忍び取りのような大がかりな作戦の場合、いわゆる忍者の専業というよりも、足軽なども参加した一般的な戦闘という性格が強くなることもあっただろうし、待ち伏せ戦術については、忍びの専業というより足軽一般を含んだ戦いだろうとする理解も示されている。

　このように、戦国時代の史料を読んでいく際には、「忍び」と出てきたからといって、それを安易に忍者一般と結びつけることには十分注意しなければならない。それほどまでに、忍者にまつわる強固なイメージと実像との間には、大きな隔たりが存在するのである。

　しかし、イメージが全くの虚構から作り出されたとも考えにくい。例えば、忍者が黒ずくめの衣装でイメージされるのは、夜討ちや夜業、夜忍など、実際の戦場における夜の闇との関わりが深いからではないか。印象論でしかないので、これ以上の推測はやめるが、忍者と忍びをどのように結びつけていけるのかという点は、実は今後の課題なのである。

　読者諸氏には、なぜ実像が固まっていないのに（それゆえに、なのかもしれないが）、あれほど確固としたイメージで語られるのかという点に、歴史の面白みを感じてもらえればと思う。わかりやすいイメージは、妖術のように人を惑わせるものである。実像に迫る際には、その磁場から自由にならなければいけないのだが、筆者もいまだにその術に惑わされているのかもしれない。げに、イメージとは厄介なものである。

主要参考文献

荒垣恒明「戦国合戦における待ち伏せ戦術について――忍びと草・草調儀の実態」(峰岸純夫編『日本中世史の再発見』吉川弘文館、二〇〇三年)
伊賀忍者研究会編・山田雄司監修『忍者の教科書2――新萬川集海』(笠間書院、二〇一五年)
磯田道史『歴史の愉しみ方――忍者・合戦・幕末史に学ぶ』(中公新書、二〇一二年)
鶴田倉造編『原史料で綴る　天草島原の乱』(本渡市、一九九四年)
藤木久志『雑兵たちの戦場――中世の傭兵と奴隷狩り』(新版、朝日選書、二〇〇五年)
藤田和敏『〈甲賀忍者〉の実像』(吉川弘文館、二〇一二年)
古川哲史監修、魚住孝至・羽賀久人校注『戦国武士の心得――『軍法侍用集』の研究』(ぺりかん社、二〇〇一年)
村井章介「朝鮮史料にあらわれた『忍び』」(『古文書学研究』四三号)
盛本昌広『境界争いと戦国諜報戦』(洋泉社歴史新書y、二〇一四年)
山田雄司『忍者の歴史』(角川選書、二〇一六年)
吉丸雄哉・山田雄司・尾西康充編『忍術文芸研究読本』(笠間書院、二〇一四年)

あとがき

ここ数年、戦国史の研究では、軍事史を中心に論争が活発化しているように感じる。天正三年（一五七五）の長篠《ながしの》の戦いにおける信長軍の鉄砲の扱い、武田軍の騎馬軍団の扱いなどは、その好例だろう。戦国史の研究に限らず、論争は学問に付き物である。

そうした論争において、二次史料の扱いが気になるところである。二次史料が定説に及ぼす影響が大きいからである。二次史料の中には、一次史料で裏づけられる箇所が多く、良質との評価が高いものもある。とはいえ、一次史料で裏づけられない箇所までも正しいとは言えないのではないだろうか。「この史料は信憑性が高い」という理由だけで当該二次史料を一次史料並みに扱い、決定的な根拠史料に使う論者もいるが、今一度再考する必要があるように思う。

あるいは、「成立年が早い」「名家に残った史料だから」という理由だけで十分な検証を踏まえず、「荒唐無稽な部分は除けばよい」というくらいの安易な考えで、当該二次史料を一次史料並みに扱い、根拠史料に使う論者もいる。特に、研究者のみならず、一般の方が注目するテーマになると、右のような傾向が強くなる。二次史料は執筆された目的、記憶などの誤り、意図的な改竄《かいざん》などの可能性が高いので、セオリー通り注意を払う必要がある。

もう一つは、私たちの思い込みである。「この研究者は、この分野の専門家なので信頼できる」、あるいは「この研究者は有名なので」という理由だけで、その主張を鵜呑みにすることがある。しかし、よくよく丹念に調べてみると、間違っていることも珍しくはない。すべての学問は定説への疑問から始まるのであるが、常に冷静な態度で論文や史料を読みたいものである。

とはいえ、学問は常に進歩し、最新の学説であっても、やがては否定される宿命にある（すべてとは言わないが）。本書で提起した定説への疑問さえも、将来的には否定されるかもしれないが、そうしたことを噛み締めながら、今後も研究に取り組みたいと思う。

なお、本書は一般書という性格から読みやすさを重視し、文中には学術論文のように、細かく注記を施していない。その点、ご海容をお願い申し上げる次第である。さらに勉強をしたい読者には、それぞれの項目に主要参考文献を掲出しているので、書店や図書館などで手に取っていただけると幸いである。併せて、拙編『真実の戦国時代』（柏書房）のご一読をお勧めする。

最後に、ご多忙にもかかわらず、本書をご執筆いただいた十五人の皆様に厚くお礼を申し上げたい。また、本書の編集には、これまで何度もご担当いただいた柏書房編集部の小代渉氏のお世話になった。原稿を細かくチェックしていただき、有益な助言を得たことに厚く感謝申し上げたい。

渡邊大門

二〇一六年九月

執筆者一覧（五十音順）

荒垣恒明（あらがき・つねあき）
一九六八年生まれ。成城学園教育研究所職員。博士（史学）。
主要業績：「巣鷹をめぐる信越国境地域の土地利用規制」（湯本貴和ほか編『山と森の環境史』文一総合出版、二〇一一年）、「戦国合戦における待ち伏せ戦術について――忍びと草・草調儀の実態」（峰岸純夫編『日本中世史の再発見』吉川弘文館、二〇〇三年）

片山正彦（かたやま・まさひこ）
一九七三年生まれ。市立枚方宿鍵屋資料館学芸員。博士（文学）。
主要業績：『江濃越一和』と関白二条晴良」（『戦国史研究』五三号、二〇〇七年）、「豊臣政権の対北条政策と『長丸』の上洛」（『織豊期研究』七号、二〇〇五年）

木下昌規（きのした・まさき）
一九七八年生まれ。大正大学専任講師。博士（文学）。
主要業績：「戦国期の将軍と昵近公家衆の一様相」（小此木輝之先生古稀記念論集刊行会編『小此木輝之先生古稀記念論集　歴史と文化』青史出版、二〇一六年）、『戦国期足利将軍家の権力構造』（岩田書院、二〇一四年）

佐島顕子（さじま・あきこ）
一九六三年生まれ。福岡女学院大学教授。修士（史学）。
主要業績：「文禄役講和の裏側」（山本博文・堀新・曽根勇二編『偽りの秀吉像を打ち壊す』柏書房、二〇一三年）、「壬辰倭乱講和の破綻をめぐって」（『年報朝鮮學』四号、一九九四年）

白峰　旬（しらみね・じゅん）
一九六〇年生まれ。別府大学教授。博士（歴史学）。

主要業績：『新解釈　関ヶ原合戦の真実』（宮帯出版社、二〇一四年）、『新「関ヶ原合戦」論』（新人物往来社、二〇一一年）

曽根勇二（そね・ゆうじ）
一九五四年生まれ。横浜都市発展記念館職員。博士（文学）。
主要業績：『敗者の日本史13　大坂の陣と豊臣秀頼』（吉川弘文館、二〇一三年）、『秀吉・家康政権の政治経済構造』（校倉書房、二〇〇八年）

竹井英文（たけい・ひでふみ）
一九八二年生まれ。東北学院大学准教授。博士（経済学）。
主要業績：「城郭研究の現在」（『歴史評論』七八七号、二〇一五年）、『織豊政権と東国社会――「惣無事令」論を越えて』（吉川弘文館、二〇一二年）

千葉篤志（ちば・あつし）
一九八一年生まれ。日本大学文理学部人文科学研究所研究員。修士（史学）。
主要業績：柴辻俊六・小川雄・千葉篤志編『史料集「柴屋舎文庫」所蔵文書2』（日本史史料研究会、二〇一五年）、「戦国大名間の同盟に関する一考察――越相同盟における上杉氏側の同盟認識について」（『史叢』七七号、二〇〇七年）

中脇　聖（なかわき・まこと）
一九七二年生まれ。（株）歴史と文化の研究所客員研究員。
主要業績：「備前宇喜多氏研究の史料論に関するノート」（『十六世紀史論叢』六号、二〇一六年）、「本能寺の変前後における家康の動きとは？」（渡邊大門編『家康伝説の嘘』柏書房、二〇一五年）

長屋隆幸（ながや・たかゆき）
一九七二年生まれ。名城大学非常勤講師。博士（国際文化）。

主要業績：『近世の軍事・軍団と郷士たち』（清文堂出版、二〇一五年）、「交代寄合西高木家における幕末軍制改革」（『名古屋大学附属図書館研究年報』九号、二〇一一年）

平野明夫（ひらの・あきお）
一九六一年生まれ。國學院大學講師。博士（歴史学）。
主要業績：『徳川権力の形成と発展』（岩田書院、二〇〇六年）、『三河松平一族』（新人物往来社、二〇〇二年）

古野　貢（ふるの・みつぎ）
一九六八年生まれ。武庫川女子大学准教授。博士（文学）。
主要業績：「畿内近国の大名と盟約」（酒井紀美編『生活と文化の歴史学6　契約・誓約・盟約』竹林舎、二〇一五年）、『中世後期細川氏の権力構造』（吉川弘文館、二〇〇八年）

水野伍貴（みずの・ともき）
一九八三年生まれ。静岡市観光交流文化局歴史文化課非常勤嘱託職員。修士（地域政策学）。
主要業績：『秀吉死後の権力闘争と関ヶ原前夜』（日本史史料研究会、二〇一六年）、「真田昌幸の豊臣大名化の過程について」（『信濃』六五巻七号、二〇一三年）

光成準治（みつなり・じゅんじ）
一九六三年生まれ。鈴峯女子短期大学非常勤講師。博士（比較社会文化）。
主要業績：、『毛利輝元――西国の儀任せ置かるの由候』（ミネルヴァ書房、二〇一六年）、『関ヶ原前夜――西軍大名たちの戦い』（ＮＨＫブックス、二〇〇九年）

渡邊大門（わたなべ・だいもん）　※奥付参照

編者紹介

渡邊　大門（わたなべ・だいもん）

1967年、神奈川県横浜市生まれ。

1990年、関西学院大学文学部史学科日本史学専攻卒業。

2008年、佛教大学大学院文学研究科博士後期課程修了。博士（文学）。

現在、㈱歴史と文化の研究所代表取締役。

【主要著書】

『家康伝説の嘘』（編著、柏書房）、『真実の戦国時代』（編著、柏書房）、『人身売買・奴隷・拉致の日本史』（柏書房）、『戦国の貧乏天皇』（柏書房）、『逃げる公家、媚びる公家――戦国時代の貧しい貴族たち』（柏書房）、『戦国の交渉人――外交僧・安国寺恵瓊の知られざる生涯』（洋泉社歴史新書ｙ）、『黒田官兵衛・長政の野望――もう一つの関ヶ原』（角川選書）、『真田幸村と真田丸の真実――家康が恐れた名将』（光文社新書）、『真田幸村と真田丸――大坂の陣の虚像と実像』（河出ブックス）、『牢人たちの戦国時代』（平凡社新書）、『戦国誕生――中世日本が終焉するとき』（講談社現代新書）など多数。

戦国史《せんごくし》の俗説《ぞくせつ》を覆《くつがえ》す

2016年10月25日　第1刷発行

2016年11月10日　第2刷発行

編　者　　渡邊大門

発行者　　富澤凡子

発行所　　柏書房株式会社

東京都文京区本郷2-15-13（〒113-0033）

電話（03）3830-1891［営業］

（03）3830-1894［編集］

装　丁　　鈴木正道（Suzuki Design）

組　版　　有限会社一企画

印　刷　　壮光舎印刷株式会社

製　本　　株式会社ブックアート

ISBN978-4-7601-4751-9

柏書房の本

［価格税別］

家康伝説の嘘

渡邊大門［編］

●四六判並製／312頁／1900円

真実の戦国時代

渡邊大門［編］

●四六判並製／340頁／2000円

人身売買・奴隷・拉致の日本史

渡邊大門

●四六判上製／228頁／2200円

戦国の貧乏天皇

渡邊大門

●四六判上製／272頁／2200円